不慌不忙做妈妈

[英]唐纳德·温尼科特 著

包学敏 译

河北科学技术出版社
·石家庄·

图书在版编目（CIP）数据

不慌不忙做妈妈 /（英）唐纳德·温尼科特著；包
学敏译 . -- 石家庄 : 河北科学技术出版社 , 2024.5
ISBN 978-7-5717-2082-7

Ⅰ . ①不… Ⅱ . ①唐… ②包… Ⅲ . ①亲子关系 – 家
庭教育 – 通俗读物 Ⅳ . ① G78-49

中国国家版本馆 CIP 数据核字 (2024) 第 111987 号

不慌不忙做妈妈
BUHUANG BUMANG ZUO MAMA
（英）唐纳德·温尼科特　著　包学敏　译

责任编辑	李　虎	
责任校对	徐艳硕	
美术编辑	张　帆	
封面设计	优盛文化	
出版发行	河北科学技术出版社	
地　　址	石家庄市友谊北大街 330 号（邮编：050061）	
印　　刷	河北万卷印刷有限公司	
开　　本	880㎜×1230㎜　1/32	
印　　张	7.5	
字　　数	150 千字	
版　　次	2024 年 5 月第 1 版	
印　　次	2024 年 5 月第 1 次印刷	
书　　号	ISBN 978-7-5717-2082-7	
定　　价	58.00 元	

译者序

本书英文名为 *The Child, the Family, and the Outside World*，是儿童心理学大师唐纳德·温尼科特在英国国家广播公司做系列讲座时所留下的宝贵内容，后被整理成册，广为发行，至今仍被全球新手父母奉为经典育儿指南。

本书分为三部分，分别从母亲、家庭和外部世界的角度探讨了孩子的成长和发育过程，且作者认为正是这三点构成了孩子基本的人际关系网络，孩子每一阶段的人际关系都与他们的心理健康息息相关。

但是，本书并不仅仅停留在刻板地宣讲理论上，它以轻松自然的口吻，讲述着新手父母在育儿过程中遇到的各种糟心事，比如孩子为什么"溢奶"，为什么"哭闹不停"，为什么"撒谎成性"，也提及了很多让父母头疼的尴尬抉择——是"母乳喂养"好还是"奶瓶喂养"好？是"独生子女"好还是"多子女"好？孩子到了青春期，该怎么培养独立？

本书早在 20 世纪就在英国广为流传，帮助了成千上万对新手父母。在这本书的帮助下，新手父母面对呱呱坠地的新生儿不再手忙脚乱，因为这本书带领他们走进了孩子的情绪世界，为亲子关系架构起一座坚固无比的桥梁。

　　作为本书的译者，我深切地感受到了来自作者的温情，他能共情孩童的心理，关怀孩子的心理成长，并始终以乐观的态度看待育儿这项工作。作者不止一次地强调来自父母的天生的育儿能力，那就是本能之"爱"，并将其与后天习得的育儿技能加以区分。

　　作者从来不以自身专业知识居高临下地教导新手父母该做什么，不该做什么，而是由衷地鼓励新手妈妈开发自己的天性潜质，顺应天性，这无疑是对新手父母育儿最大的尊重和支持。温尼科特以他的真知灼见，以他的机智睿见强调了育儿的关键在于培养孩子健全的人格，而这一点正是由任何育儿机构、教育机构都无法替代的本能之"爱"来实现的。

　　在翻译的过程中，我认为原书名《孩子，家庭和外部世界》和其他译名如《妈妈的心灵课》过于沉重，未免给人以理论和教条化的感觉，因此特意改为《不慌不忙做妈妈》，这也遵循了作者的本意——鼓励新手妈妈抛开心理负担，放手给予母爱。

　　在阅读本书时，读者将发现本书蕴含丰富的育儿智慧和实用建议。无论您是初为人母还是经验丰富的家长，本书都能以全新的视角，帮助您更从容地面对育儿的挑战，不慌不忙做家长。

译者

2024 年 1 月

作者序

　　我认为有必要在此对本书进行一个简明扼要的介绍。本书讨论的是母亲与婴儿、父母与孩子之间的关系，并延伸到孩子在学校和更广泛的外部世界中的成长经历。随着孩子的成长，父母与孩子之间的关系会发生微妙的转变，从婴儿时期的亲密关系转变成为长大后渐渐疏离的独立关系，这种变化是自然而然发生的。为了匹配这种转变，我的语言风格也将进行一定程度的调整，希望这种调整是恰如其分的。

　　尽管本书前几章的内容主要是写给新手妈妈的，但我绝不是在强调年轻妈妈必须通过阅读书籍来获得养育知识。相比于书本上的理论，更重要的是妈妈们要始终保持育儿的自觉性。她需要的是更为科学务实的婴儿护理方面的技巧，需要熟悉并信任的医生和护士的指导，更需要丈夫的关爱以及美满的婚姻生活。她不需要被提前告知做妈妈是一种什么感觉以及怎样做妈妈。

　　我认为，最好的养育来自母性本能的自信，但这种出于母性本能的自信不同于后天教条式的学习，两者必须区分开来，否则浑然天成的母性本能就可能遭到破坏。

　　与初为人父人母的年轻人进行面对面的交流是十分必要

的，因为父母最希望的就是尽可能地了解婴儿的发展情况，而以这种直面的方式描述母亲与婴儿的养育关系似乎比抽象地谈论更加生动。

所有人都渴望了解自己生命的起点、自己婴儿时期的成长经历，我认为这种愿望应该得到满足。如果将来有一天，孩子长大成人为人父母后，他们却不知道也不承认母亲在他们生命早期的养育中所做出的付出，那么这无疑将成为人类社会中的一大缺憾。

当然，我所讨论的重点，并不在于孩子们应该如何感谢父母赐予生命，甚至感谢他们在家庭建设和家庭事务管理方面所付出的努力。我关心的是新手妈妈们在孩子出生前和出生后的几周、几个月的时间里与婴儿的关系。毋庸置疑，任何一个新手妈妈一定会在孩子初生时尽自己所能地照顾婴儿，这种奉献虽然出于本能之爱，但她同时也对社会做出了巨大的贡献，因此值得我们去关注。

我们不能因为这种无私的贡献源于本能，就忽视母爱的伟大。如果我们理所应当地接受这份贡献，那么这世上每个神智健全的人，每个对世界有所感悟并感到幸福的人，都应对女性心怀歉疚。要知道，当我们只是一个小小的婴儿时，当我们还对一切无所察觉时，我们可以依赖的只有母亲。

需要再次强调的是，当这种母亲的角色真正得到认可时，我所期待的不是感激，更不是赞扬，而是减轻我们内心的恐惧感。如果我们的社会迟迟不愿意承认这种始于天性且客观存在的依赖感，那么我们的内心就无法消除这种恐惧，从而有碍于生命健康和生活自在。如果我们不能对母亲的角色有一个正确的认知，那么就必然会对这种始于天性的"依赖"产生莫名的恐惧。这种恐惧有时会表现为对女性群体的恐惧或对某一特定女性的恐惧，有时甚至难以识别恐惧的形式，而只是恐惧"被支配"。

然而，恐惧"被支配"并不会让人们远离被支配，不幸的是，它反而会引导人们被某种特定的或自选的支配所控制。实际上，如果对独裁者的心理进行深度剖析，我们会发现，在他个人的成长经历中，他总是试图控制某个潜意识中非常恐惧的女性，通过迎合她、包办一切等手段来要求她的完全服从和"爱"，以此实现控制的目的。

许多社会历史学家认为，对女性的恐惧导致了人类群体中所表现出来的一些不太合乎逻辑的行为，但很少有人对此追根溯源。如果从根源上追溯这种对女性的恐惧，最终会发现它其实是因为害怕承认婴幼儿时期对母亲的依赖这一客观事实。因此，我们有充分的社会理由去深入研究婴儿与母亲之间的早期关系。

目前，人们仍然会否认母亲在婴幼儿时期的重要性，取而代之的是认为在生命早期的几个月里，婴儿只需要得到身体上的护理，且这是任何一位优秀的护士都可以胜任的。甚至我们会发现（希望不是在我们这个国度），妈妈们往往会被教导，必须给自己的婴儿以母爱，这是对母爱始于天性这一客观事实的最大否定。

这世上有太多的因素会干扰母婴关系的自然发展，如卫生保健，以及各种被夸大了的有益母婴身心健康的条条款款等。新手妈妈们又总是被这些琐事淹没，根本无暇团结一致、奋起反抗。我写这本书，正是要为那些正在经历养育第一胎和第二胎的年轻妈妈们代言，她们才是真正被婴儿依赖的那一方。当妈妈们正出于母性本能照顾孩子时，我希望人们能给予她们最大的支持，同时也向所有为父母和父母替代者提供他们所急需的养育技巧、帮助、关怀的人表达诚挚的谢意。

唐纳德·温尼科特

目　　录

第一部分

Part one   Mother and Child

母亲与孩子

第一章　男人眼中的母爱

首先，我是一个男人，所以我并不打算告诉你怎样才能做一个合格的妈妈，你一定会为此大松一口气。作为男人，我可能永远没有办法真正了解看着襁褓中的婴儿一步步摆脱依赖、长大成人、走向独立是一种什么感觉。只有女人能深切体会到这一点，即使她出于某种不幸的原因无法亲身体验，也可以凭借女性特有的丰富的想象力感受到。

那么，既然我不能给妈妈们提出指导性意见，我还能做些什么呢？我习惯于妈妈亲自带着孩子来找我，到那时，我可以讨论的话题就自然而然摆在眼前了。在这种谈论中，孩子或者在母亲的膝盖上跳来跳去，伸手去抓我桌上的东西；或者在地板上爬来爬去，爬上椅子，从书架上拽出书本；或者因为害怕穿着白大褂的医生（因为医生是个吃掉好孩子，对淘气的孩子更残忍的大怪物）而紧紧依偎在妈妈怀里；或者是年纪大一点的孩子坐在另一张桌子前画画，而他的妈妈和我一起拼凑出他的成长历程，尝试找出问题最开始出现的地方。孩子一边倾听着我们的谈话，以确保我们并没有什么恶意，一边通过画作与我们进行无声的交流。

这些于我而言，本来是轻而易举的事，但现在发生了改变，我还要凭借我的想象力和经验来构建婴儿的世界，这给我的工作增加了难度。

作为一位母亲，相信你也面临同样的困难。面对一个几周大的婴儿，你会有什么样的感受？是否感觉无法与他交流？如果你正在思考这个问题，试着回忆一下你的孩子是在多大的时候意识到了你的存在，以及在那一刻你又是如何确信你们彼此之间是有交流的。你们是在房间的不同角落进行语言交流的吗？那么，你使用的是什么语言？然而这时，你会发现自己关注的总是如何照顾孩子的身体健康，而不是语言表达。你知道如何抱起孩子，如何放下孩子，以及何时离开孩子，何时让摇篮代替你；你也学会了如何给孩子穿脱衣物，以保持孩子的体温正常。事实上，当你还是个小女孩，还在玩娃娃时，就已经知道了这一切。然后，你还会在某些特殊的时刻，做些特定的事情，比如什么时候该喂食了，什么时候该洗澡了，什么时候该换尿布了，什么时候该给孩子一个温暖的抱抱了。有时，孩子会不小心尿在你的衣服上或者身体上，但你并不会介意。事实上，正是通过这些事，你知道自己不仅是一个女人，更是一个平凡而拥有母爱的母亲。

我之所以说这些，是想让你知道，我这样一个男人，一个与育儿生活相隔甚远、摆脱了婴儿啼哭，免于照顾婴儿的责任的男人，也清楚地知道任何一个母亲都能够真实地体验育儿，并不会为了任何事情而错过这种经历。

如果我们在这一点上达成了共识，也许你会允许我谈谈如何成为一个平凡而拥有母爱的母亲，以及如何更好地照顾一个新生命。或许，我无法告诉你具体怎么做，但我至少可以谈谈这一切意味着什么。

你自然而然地做着的那些看似平凡却十分重要的事情，奇怪的是，你在做这些事时，不需要思考自己是否足够聪明。你在学校时，或许你的朋友都能拿到奖学金，而你却对算术一窍不通，也不喜欢历史，最后因考试不及格而早早辍学；或许你因为考试前得了荨麻疹，才没能取得好成绩；又或许你确实很聪明。但这些都不重要，因为这些事都不影响你能否成为一个好妈妈。就像一个孩子能够很好地玩娃娃，你也可以成为一个平凡而拥有母爱的母亲，我相信大部分人都可以做到。

这不是很奇怪吗？如此重要的事情几乎与非凡的智力无关！

婴儿最终想要成长为健康、独立、有社会意识的成年人，那绝对离不开一个良好的起点，而这个良好的起点就是通过婴儿与母亲之间的爱的纽带来得以保证的。所以，只要你全心全意爱着你的孩子，他或她就已经有了一个良好的开端。

但要说明的是，这并不是在大发感慨。我们都知道，有一种人常常把"我特别喜欢孩子"挂在嘴边，但你总是忍不住去想："这是真的吗？"母爱本是相当原始、质朴的一件事，其中包含着占有欲、本能欲望，甚至还有一些讨厌的成分；母爱中也有宽容、力量和谦卑。但只是在嘴上大发"喜欢孩子"的感慨而不能实际付出，只能引起妈妈们的反感和厌恶。

现在，也许你不用思考就可以做一个平凡而拥有母爱的妈妈，而且你还十分享受这一点，就像艺术家一样，他们往往讨厌思考"艺术是什么"和"艺术的目的是什么"的人。

你不喜欢深思熟虑如何做一个妈妈，所以我在此告诉你，这本书只会告诉你只要做好自己就能实现平凡而伟大。当然，也有些人愿意去思考自己在做什么。有些人即便已经结束了母婴关系，比如孩子已经长大上学了，她也会回顾往事，思考自己曾经的教育方式是否为孩子的发展奠定了良好的基础。如果这一切都是凭直觉而行，那我告诉你，它可能就是最好的方式。

我们需要理解那些照顾婴儿的人所扮演的角色，这种理解对我们来说至关重要，这样我们才能保护年轻妈妈免受任何因素的干扰。如果她对自己的角色，对自己所做的事情没有充分的理解，她就没有办法捍卫自己的立场，很容易按照他人的指示、效仿自己母亲或照本宣科，其实这些都是容易击垮她们的干扰因素。

父亲所扮演的角色也非常重要，不仅因为父亲可以在有限的时间内出色地承担起"妈妈"的职责，还因为他们可以有效地保护母亲和婴儿免受任何因素干扰。这正是育儿的本质所在。

在接下来的章节中，我将有意识地用文字描述一个妈妈在日常生活中是如何把自己无私奉献给养育事业的。

在婴儿生命的最初阶段，仍有许多疑问和值得学习的地方，也许只有妈妈才能帮我们找到正确的答案。

第二章　了解你的宝宝

一个女人从怀孕那刻起，她的生活就发生了翻天覆地的变化。怀孕之前，她可能兴趣广泛，也许是个叱咤职场的商业女强人，或者是一个热血政治家，或者是一个狂热的网球爱好者，又或是一个时时刻刻准备赴宴的社交达人。她可能还暗地里瞧不起那些被孩子束缚住手脚的妈妈们的糟糕日常，对于她们整日讨论着蔬菜的营养价值、洗涤晾晒尿布技巧等枯燥乏味的生活嗤之以鼻。有时候，她也会对孩子萌生出些许兴趣，但也只是暂时有感而发。不过早晚有一天，她也会怀孕，也会变成一个妈妈。

当这件事发生时，她一定难以接受这个事实，因为这意味着她作为"自己"的生活宣告结束，对于这一点，她再清楚不过了。没有人可以否认这一点，除非那个人特别想要一个孩子，否则大多数年轻女性不想陷入这种麻烦。所以，一个年轻女性在还没有准备好成为妈妈的时候怀了孕，一定会觉得自己倒霉透顶。

不过，无数女性的经验表明，随着怀孕天数的增加，这个想法会逐渐发生变化。难道是因为她的兴趣范围逐渐缩小了吗？我想倒不如说是因为她关注的兴趣点发生了转变，从外界逐渐转移到了自身。然后，直到她慢慢地相信，整个世界的中心就在她身体里。

一定有些读者正好处于这个阶段，那么现在你是否已经开始为自己即将成为妈妈而感到了一丝丝骄傲，甚至感觉自己值得被尊重，觉得走在人行道上，所有人都应该为你让路。

当这种即将成为妈妈的感觉越来越明确时，就如同俗语所说的，你开始"把所有的鸡蛋放在一个篮子里"了。你把所有的心思都放在即将出生的宝宝身上，猜测究竟是小男孩还是小女孩，然后陷入深深的母爱中，认为这个小男孩或小女孩是你最宝贵的财产，而你也将成为他或她生命中最重要的人。

为了成为一位母亲，你经历了那么多，但在我看来，正是因为你经历了这么多，才能那么清楚地知道如何照顾一个婴儿。正因如此，我们这些没有做过妈妈的人需要花费多年的时间来深入研究，才能达到你在日常经验中就可以轻松达到的水平。但是，你一定十分迫切地想要得到我们这些研究者的支持，因为生活中总有很多不同的说法，或者过来人的经验（其中不乏一些新兴的说法）左右着你，让你怀疑自己的真实感受。

现在不妨思考一下，任何一个平凡的智力健全的母亲都知道宝宝对她意味着什么，这至关重要，而那些旁观者却常常遗忘这一点。我认为最重要的是，妈妈总是能轻易感知到自己的宝宝值得被作为一个真正的人去了解，而且这种了解越早开始越好。其他任何给你建议的人都不会比你自己更清楚这一点。

其实，早在你的子宫里时，你的孩子就已经是一个独特的个体了，到他出生时，他已经通过母体拥有了很多宝贵的体验，不愉快的或愉快的都有。当然，妈妈们也总是能轻易在新生儿的脸上读取这些东西，即使他们并没有明确地呈现出来。有时候婴儿看起来很聪明，甚至有一种哲学家的沉着和冷静，如果我是你，我会想要马上认识或了解一下这个小家伙，或者让他来认识和了解我，而不是等到哪个心理学家来判断这个孩子是否具有了人性。

通过子宫里的一些胎动，你其实已经对婴儿的某些特征有所了解，如果频繁胎动，你会联想到老人们常说的"男孩比女孩踢得更厉害"，然后怀疑这个说法究竟是不是真的。无论如何，这种真实的生命迹象总会让你十分开心。而且，在整个孕期，宝宝对妈妈也有了一定的了解，他与你同呼吸、共命运，你们一起品尝美食，一起喝早茶，当你赶公交时，他也会血流加速。也就是说，你每次焦虑、每次激动、每次生气时，他也能感同身受。如果他在子宫里已经习惯了你的坐立不安，那么他也会习惯运动，出生后可能喜欢在你的膝头跳跃，或者喜欢在摇篮里享受晃动；相反，如果他在子宫里习惯了你的安静，那么出生后他可能更喜欢安静地坐在你的膝头或静静地躺在婴儿车内。可以说，在他出生之前，他对你的了解要远远超过你对他的了解，直到他呱呱坠地，直到你有足够的精力看着他、照顾他，深深地揽他入怀。

宝宝出生后，母婴的状况有很大的不同，母亲的身体需要休息两三天的时间才能适应并享受陪伴宝宝。但如果你的身体足够健康，其实并没有什么理由能阻止你们立刻进入相互了解的阶段。

　　我曾遇到过一个年轻妈妈，她与第一个宝宝（是一个男孩儿）很早就建立了亲密关系。从他出生的那一天开始，每次哺乳后，护士长都会把他留在妈妈床边的摇篮里。在安静的房间里，他醒着的时候会躺着享受妈妈的抚摸；在他不满一周的时候，他就会抓住妈妈的手指并朝她的方向看去。这种亲密关系从宝宝在子宫中时持续到宝宝出生后，从没有间断，因此婴儿得到了很好的发展，我相信这有助于这个孩子的个性形成，也有助于他情感的发展，以及他抗挫折和抗打击能力的培养。

　　在与宝宝的早期接触中，最令人印象深刻的是哺乳，那时候是宝宝最兴奋的时候。妈妈可能也会为此感到兴奋，胸部胀痛的感觉表明它的哺乳功能已经觉醒。如果宝宝一开始就能理所当然地接受你和你的兴奋状态，那么他是十分幸运的，因为这预示着他能管理好自己的冲动和欲望。根据我的观察，令人吃惊的是，婴儿总是会在兴奋来临时认识到这是一种情感变化。不知道你是否像我一样有所觉察？

　　在与宝宝的进一步接触中，你一定能发现宝宝的两种状态：一种是当他感到满足时的平静状态（不太兴奋），另一种是当他感到兴奋时。起初，当他不兴奋时，他会长时间地处于睡眠状态，但不是全部时间，宝宝醒着且安静的时光非常少。有一些很难带的宝宝几乎永远无法得到满足，他会通过长时间地哭泣来表达不满，即使在哺乳后也是如此，很难将其哄睡。这种情况会让妈妈觉得很难与宝宝建立亲密关系。但随着时间的推移，情况可能会逐渐好转，宝宝会时不时表现出一些满足感，也许在洗澡的时候，就是建立亲子关系的良好时机。

　　宝宝究竟是满足状态还是兴奋状态，你必须弄清楚这一点，因为他需要你的帮助。只有了解清楚宝宝的状态，才能给他提供恰当的帮助。对于他来说，从满足状态转变到贪婪地吃奶的兴奋状态，是一件十分可怕的事，宝宝需要妈妈帮助他应对这个难关。这可以说是你成为妈妈后的第一个任务，但这个任务需要很多技能，而这些技能只有在成为妈妈后才能拥有。当然，一些在宝宝出生后几天就领养了他的出色女性也可以做到。

　　每个婴儿不会一出生就在脖子上挂一个闹钟，还附带说明：请每三小时喂我一次。定时哺乳是为了方便母亲或护理人员，从婴儿的角度看，定时哺乳并不是得到满足的最好选择，在我看来，婴儿希望的是找到一个根据自己的需要随时出现、随时消失的乳房。所以，母亲在找到一个方便自己的定时哺乳方式之前，可以进行一段时间自由无规律的喂养。

　　不管怎样，当你开始了解宝宝时，知道了他最初期望的是什么，这总归是一件好事，即便有时你无法决定是否要满足他的期待。而且，随着你更深入全面地了解宝宝，你就会发现，只有在宝宝兴奋时，他才会显现出性格专横霸道的一面，在其他时候，他会沉浸于乳房或奶瓶带给他的安全感，也会乐于寻找藏在后面的妈妈、妈妈后面的房间，以及房间外面的世界。虽然在哺乳期间你会捕获很多关于宝宝的情况，但我仍忍不住提醒你，在他洗澡时，在他躺在摇篮里时，在你给他换尿布时，以及其他很多的时候，你都可以对宝宝有更多的了解。

　　如果你有护士照顾，我希望她能全面理解我的意思，而不是觉得我在干涉她的工作，因为我要说的是，如果护士只在需要哺乳时才把宝宝交给你，这对你十分不利。当然，新手妈妈一定需要护士的帮助，因为你还没有足够的力气去亲自照顾宝宝。但是，如果你只能在哺乳时才看到他，那么你一定无法了解他睡着的样子，或者他醒来躺在床上的状态，这会让你们之间产生一种陌生的奇怪印象。虽然他此时只是小小的肉肉的一团，但确实已经是一个独立的个体了，因此他的内心一定会充满了强烈的不满，让他变得如雄狮猛虎般狂躁，而他又会被自己的这种感觉吓坏。这时，如果没有人为你解释这一点，你可能也会被吓坏。

如果让宝宝躺在你身边，允许他在你的怀里或胸前玩耍，你就能充分了解他每一种情绪背后隐藏的东西。然后你会发现，他完全能恰如其分地表达他的兴奋，然后认识到这是一种爱的表现。当他转过头去，拒绝喝水时（正如谚语中所说的"牛不喝水强按头"），或者他在你怀里睡着而拒绝吃奶时，又或者他十分烦躁而不能好好吃奶时，你能立刻明白发生了什么。他只是害怕自己的感觉，在这一点上，没有人能像妈妈一样十分耐心地通过玩耍（允许他只含着乳头却不吸吮）、通过拥抱等一切能让他享受的安抚行为来帮助他，直到他开始重新吃奶，这意味着真正渡过了难关。这对妈妈来说并不容易，因为你也是一个独立的个体，有自己的感受，也许你正经历乳房胀痛，正急切地希望宝宝马上吸吮以得到缓解。但是，如果你清楚地知道宝宝此时的情绪，将能处理得游刃有余，然后通过哺乳与你的宝宝建立良好的关系。

宝宝一点也不笨。兴奋对他来说是这样一种可怕的体验，就像我们被放进了狮子窝，也难怪他会反复确认你是不是一个可靠的哺乳者，然后他才会把自己完全交给你。如果你让他失望，对他来说就好像群狮把他撕碎了一样。所以，一定要给他时间，让他去了解你，直到你们最终都学会了珍视这种婴儿对于乳房的贪婪的爱。

　　在我看来，新手妈妈应尽早与宝宝接触，有一个重要的原因在于，这可以让她确信自己的孩子是否正常（不管那意味着什么），并且这会给她无比的安慰。就像我说的，某些条件下，妈妈可能因为过于疲惫，没有办法在第一天就与宝宝建立亲密关系。但你应该知道，每个母亲在生产后都会第一时间想要了解她的宝宝，这是天性使然。这不仅是出于母亲的迫切渴望，还有一个更为紧迫的原因——她想要赶紧确认自己生出来的宝宝是否健康、健全。妈妈们总是觉得自己很难生出一个完美的宝宝，就好像人类很难相信自己足够优秀，能够创造出美好的东西一样。

　　我怀疑天底下很少有哪位母亲会在第一时间就可以非常自信地认为她的宝宝是完美的。父亲也是如此，因为他和母亲一样，也会疑虑他是否能生出一个健康正常的孩子。因此，不管怎么说，第一时间去了解你的宝宝都是一个紧迫的问题，好的消息至少能给父母双方带去宽慰。之后，你才会因为爱和骄傲而想要更多地了解他，然后详细研究他，以便给他提供所需的帮助，这种帮助只有最了解他的人才能给予，而那个人就是母亲。

　　以上种种都昭示着，照顾新生儿是一个全年无休的全职工作，而且这份工作只有一个人能做好。

第三章　孩子会自己长大

　　我一直在广泛地探讨母亲与婴儿的关系。我写这些并不是为了特意告诉妈妈们具体该做什么，这些具体建议她们可以从福利中心轻易获取。事实上，过多的且太容易得到的建议有时反倒会给新手妈妈们带来困惑。相反，我的文字更倾向帮助那些已经很擅长照顾婴儿的成熟的妈妈，帮助她们更深入了解婴儿的世界，并展示婴儿成长过程中的各个阶段。我的理念是，妈妈了解得越多，就越能够相信自己的直觉和判断。

　　当一个妈妈习惯根据自己的感觉和直觉行事时，她们会有更多惊喜的发现，这会让作为妈妈的她们感到心满意足。就像作家在写作过程中会被自己的奇思妙想震惊到一样，母亲也会在与婴儿日常的亲密互动中，不断发现和感受到丰富多彩的情感体验。

　　你也许会问，作为一个妈妈，除了对自己的宝宝尽职尽责，是否还可以通过其他方式的学习来提高自己的业务能力呢？如果她只是照本宣科，做别人告诉她需要做的事，那么她是很难进步的，除非她能找到一个更有经验、更高明的人对她进行指导。但如果她能够自由地按照自己的方式行事，自己摸索着成长，那么她一定能迎来很大的进步。

　　父亲在这里可以成为一个好的帮手，他可以为母亲提供一个更加自由的环境，支持她、保护她，使母亲能更专注于与婴儿的连接。在父亲的支持和保护下，母亲可以减少外界的干扰和压力，全身心地照顾婴儿。这样，母亲可以更加专注于与婴儿的亲密时光，更加深入地了解婴儿的需要。但这段专注婴儿的时光不会持续很久。在最初的时间里，母亲与婴儿的联系非常紧密，我们必须尽己所能，让她在这个时期做到全心全意、全神贯注。

　　事实上，这种经历不仅对母亲有益，对婴儿也同样重要。父母必须有所觉醒，应该意识到新生婴儿需要绝对的母爱。成年人的身心健康是在整个童年时期建立起来的，但人类的健康基础是在婴儿最初的几周、几个月里由母亲奠定的。也许新手妈妈会因为孩子的到来而暂时失去对外部世界的兴趣，这种变化让她感到陌生。其实，如果母亲可以转变思路，或许会有所帮助：你正在为培养出一个身心健康的社会新成员而奠定基础，这是一件值得去做的事。奇怪的是，人们通常认为，照顾的孩子越多就越困难。实际上正好相反，我十分确信这一点，即孩子越少，情感的压力就越大。对一个孩子倾尽所有，才是最大的"压力"，但这种压力是美好的，而且并不会持续太长时间。

　　那么，你现在要把所有的鸡蛋放在一个篮子里了，对吗？下面你又打算怎么做呢？我想，就尽量去享受吧！

　　享受被重视的感觉，享受你正在创造一个新成员，而所有人必须照顾你的感觉；享受把婴儿当成你身体的一部分，全心全意爱它胜过爱自己的感觉；享受你的爱人为了你和你的孩子规划幸福的蓝图，承担责任的感觉；享受发现全新的自己的感觉；享受行使前所未有的母性特权，去做你认为正确的事情的感觉；享受宝宝的啼哭和吵闹，拒绝喝奶时的烦恼；享受无法跟男人解释的来自女性的独特的感觉；享受宝宝渐渐呈现出作为人的某些迹象，而你也被宝宝同样感知的感觉。

只为了你自己，尽情去享受这些。

你从混乱繁杂的护理事务中收获的快乐，对婴儿来说，恰恰是至关重要的。宝宝并不想定时定量地被投喂，他只是想被一个全心喜欢喂养自己宝宝的人喂养。在宝宝看来，无论是柔软的衣物，还是温度适宜的洗澡水都是理所当然的事情，而母亲在给自己的宝宝穿衣和洗澡时发自内心的愉悦感并非理所当然的。如果你能享受所有这些，对于宝宝来说就像生命迎来了阳光。母亲必须时刻找到愉悦感，否则照顾婴儿的整个过程就会变得死气沉沉，甚至沦为毫无意义的机械化操作。

这种享受，通常是自然而然产生的，但有时会因你的担忧而受到干扰，而担忧很大程度上取决于无知。这有点像你读过的关于分娩时如何放松的书籍，写这些书的人会尽己所能地去解释怀孕和分娩期间究竟会发生些什么，以便让母亲放松，享受自然分娩的过程。这意味着停止担忧未知的事物，让这个过程自然发生。分娩的痛苦很多时候其实并不是来自分娩本身，而是来自恐惧引发的紧张，主要是对未知的恐惧。当有人把这些都向你解释清楚后，如果恰好你还碰到一个好的医生和护士，你就不再觉得分娩之痛是无法忍受的了。

孩子出生后也是一样的，妈妈能否在照顾宝宝的过程中找到乐趣并享受其中，取决于她是否因无知和恐惧而感到紧张和担忧。

我写这本书，就是想给妈妈们提供这些信息，以便她们能更多地了解宝宝正在发生着什么。如果一个母亲在照顾婴儿时感到轻松、自然，并且能完全沉浸在这项工作中，她们将会发现，这正是婴儿需要她所做的一切。

我将谈论宝宝的身体、心理等问题，我也会谈论宝宝日渐发展的个性，我还会告诉你该怎么把这个世界的一点一滴介绍给宝宝，以及怎样为这个新来到人世间的小家伙答疑解惑。

现在我只想明确一件事，那就是，你的宝宝其实并不依赖你来成长和发展，他们会自己成长。这是宝宝与生俱来的力量，激励着他们不断成长、发展，这种力量以我们无须理解的方式推动着生命的历程。

就好像如果你刚在窗台的花盆里放了一个球茎植物，你非常清楚，这个球茎不一定非得长出水仙花。你只要提供适当的土壤，适量地浇水，剩下的交给生命就好了，它会自然而然地生根发芽。那么，照顾婴儿比照顾水仙花球茎要复杂得多，但这个比喻很恰当，无论是球茎还是婴儿，都有一些在你责任之外的、无法掌控的事情正在进行着。宝宝在你体内孕育，从那时起这个生命短暂地借宿在你的身体里。出生后，宝宝又不得不在你的怀抱里借宿一段时间，但这些都只是暂时的，他不会永远依偎在你的怀里。宝宝很快就到了上学的年纪，这时，这个借宿者因身体弱小，仍需要你的关爱和特别的照顾。即便如此，仍然不会改变这样一个事实：生命的成长和发展是与生俱来的。

听到有人这么说，不知道是否会让你感到些许欣慰呢？

在我所认识的妈妈里，有些妈妈总觉得自己要对孩子的所有生命力负责，这让她们体验到的来自母爱的愉悦感大打折扣。宝宝长睡不醒，她们会忍不住走到摇篮边把他唤醒，以证明宝宝十分有活力。如果宝宝闷闷不乐，她们会逗弄宝宝，拨弄他的脸，逗他笑，其实这些对婴儿来说没什么意义，他只是做出一种反应罢了。这样的人总是让宝宝在自己的膝头上跳来跳去，逗得宝宝咯咯直笑，或者用任何可以表示婴儿拥有生命活力的方式让自己安心。

有些孩子甚至从小就不能按自己的方式随心所欲地成长，他们失去了太多，以至于错过了想要独立生活的感觉。我觉得，如果我能让你明白宝宝的身体的确有这种自发性的生命过程（事实上，这是很难消失的），也许你就能更好地享受照顾宝宝的时光了。归根结底，生命所依赖的是自发性的呼吸，而不是活着的意愿。

有些人一定尝试过创造艺术品，比如画素描、玩塑泥、织毛衣，或者做裙子。当你做这些事情时，所呈现出来的作品都是你自己制作的。但婴儿不同，婴儿会自己成长，而你作为妈妈只需为他提供一个良好的成长环境即可。

有些人把孩子当成陶艺家手中的黏土，学着塑造婴儿，并认为自己要始终对孩子这个作品负责——这是完全错误的。如果你有这样的感觉，那么你将被自己所背负不必要的责任压垮。不如试着接受这样一个观念，把婴儿看作一个正在成长的生命，你只需适当地满足他的需求，然后享受这个过程，在观察他成长的过程中受益。

第四章　哺乳

　　20 世纪初以来，医生和生理学家在哺育婴儿方面已经做了很多工作，写了很多书和无数的科普文章，这些都一点一点增加了我们对该领域的科学认知。现在所呈现出来的结果是，我们可以把哺乳这件事一分为二来看待：一种是把它当成一种物理的、生化的或实质性的，不进行深入的科学学习就无法直观了解的事物；另一种是心理方面的，在这个方面，人们可以通过自身感觉和简单的观察来进行长久的了解。

　　其实，直接切入问题的根本就不难发现，哺乳就是一个关于母婴关系的问题，是两个人类之间传递爱的一种实践。然而，这个观点曾经很难被接受（尽管母亲感觉到这是真的），直到有关这个问题的物理学方面的研究消除了许多困难。在人类世界的任何历史时期，每一个拥有健康生活的妈妈都自然地将哺乳看作她与宝宝之间的纽带。不过，也有很多妈妈在宝宝突然死于腹泻和疾病时，盲目地把问题归咎于自己的奶水，却不知道罪魁祸首其实是细菌。这会让母亲丧失信心，因此她们会去寻求权威性的建议。物理疾病通过各种方式复杂化了母亲看到的问题。当然，生理学因此而得到了巨大的进步，而我们则增长了更多有关物理健康和物理疾病的知识，在此基础上，我们回到问题的根本，即哺乳是母亲和宝宝之间的情感纽带。要想顺利进行哺乳，这根情感纽带必须得到充分发展。

生理学的发展已经使医生充分了解如何预防软骨病的发生；充分了解感染的危险性，从而及时预防了婴儿出生时由淋球菌感染引起的失明；充分了解患结核病的奶牛的牛奶的危险，从而及时预防了过去常见且致命的结核性脑膜炎；也充分了解坏血病是缺乏维生素 C 所致，从而几乎消除了这种疾病。今时今日，随着对生理性疾病的预防和消除，准确描述每一个妈妈面临的心理问题就变得迫切起来。

毫无疑问，我们目前还不能准确地说明每一个刚生完宝宝的妈妈面临的具体心理问题，但是至少我们在努力尝试，妈妈们也可以参与进来，从而随时纠正我说错的地方，补充我所遗漏的部分。

现在，我们来假设一下。一个健康的平凡妈妈，和丈夫一起营造了一个温馨和睦的家庭，假设婴儿也在一个合适的时间以健康的状态到来，那么我可以毫不犹豫地判断：在这种情况下，哺乳只是这对母婴关系中的一部分，也确实是最重要的部分之一。妈妈和新生婴儿，准备通过强烈的爱的纽带相互关联，他们自然需要在承担巨大的情感风险之前对彼此有一个充分的了解。一旦他们实现了充分的了解（这一点也许能马上实现，也许需要不断斗争之后实现）他们便会相互依赖、相互理解。哺乳这件事也就自然而然发生了。

换句话说，如果妈妈和婴儿之间的关系已经建立起来，并且正自然地发展，那么就没有必要进行喂养技巧、称体重和各种各样的生理指标的调查了；母子两人在一起比任何局外人都更清楚怎样才是最舒适的。

在这种情况下，宝宝会以最适当的速度摄取适量的母乳，而且会在最适当的时候停下。这时，你甚至不需要另外找人来检查宝宝的消化和排泄情况。整个生理过程的运作正是由于情感关系而自然地发展着。甚至可以这么说，这样一来，妈妈可以从宝宝那里了解到所有关于宝宝的信息了，而宝宝也可以从妈妈那里了解到有关妈妈的所有信息了，不需要依靠他人。

那么问题来了，当妈妈沉浸在母婴之间如此亲密的身体和精神上的关联中，并因此感到身心愉悦时，总有各种各样否定的声音出现，指责妈妈们不该沉迷于此。是的，没想到在哺乳领域竟然也会出现反对者。想象一下，假如婴儿一出生，就将他从妈妈身边带走，直到他丧失通过嗅觉找回妈妈的能力；想象一下，在哺乳时把婴儿全身包裹起来，让他无法触碰乳房或奶瓶，只能通过吸吮来表达"是的"或通过转头、睡觉来表达"拒绝"！想象一下，宝宝在没有学会感知自己和外部世界之前，就被定时定量地喂养了，那将是什么感觉。

在母子两个人都很健康且最自然的状态下，大可以把哺乳技巧、哺乳的量和时间交给母子两人去自然摸索。这也就是说，在实践中，妈妈大可以放心地让宝宝自行决定他有能力决定的事情，因为妈妈最明白宝宝最需要什么，且能即时满足这一需求，比如充足的奶水和妈妈的爱抚。

我这么说可能会被质疑不够严谨，毕竟很少有妈妈能在克服自身的困难后，还能悠闲从容地照顾宝宝，甚至也不排除有的妈妈会忽视自己的孩子或虐待他们。然而，我的观点依然是，即使妈妈们清楚自己急需建议，也要在掌握这些基本事实的基础上适度听取建议，从而得到帮助。这样一来，如果妈妈想要二胎或三胎，她也必须在养育一胎时找到自己的目标。这一目标就是在实际养育自己的宝宝时，依赖天性，而不是他人的建议。

我认为，自然哺乳就是在宝宝想要时即时给予，在宝宝不要时即时停止，这是最基本的。只有基于这点，宝宝才能开始与他的母亲妥协。宝宝最先妥协的是接受定时和可靠的哺乳，比如每三小时一次，这于母亲来说不难做到，而且对婴儿来说，也容易收获满足感。对于一些特殊的孩子来说，这个间隔时间可能太长，饥饿感会导致他痛苦难安，那么最有效的方法是母亲可以进行新一轮的自然哺乳，当宝宝适应后，再慢慢改为定时定量地哺乳。

由于妈妈们总是被告知要定时定量地哺乳宝宝，从而培养宝宝规律进食的习惯，那么突然有一天被告知要随性哺乳时，难免会产生罪恶感，尤其会认为这种随性哺乳带来的愉悦感是极其罪恶的，是会受到邻居和亲戚责备的。妈妈们正是这样被养育孩子的重担压垮的，最后不得不向那些所谓的育儿规则和教条妥协，以便降低育儿的风险。然而，在某种程度上，医学和护理专业也不完全正确，我们必须马上收回那些在母婴关系中横插一脚的东西。即使是自然哺乳，只要它在无形中变成了一种有意识追求的东西，那么就是于母婴关系不利的。

有的理论认为，"训练宝宝必须尽早开始"，事实上，在宝宝接受了自身之外的世界，并且与之达成和解之前，这种训练都是不合时宜的。宝宝接受外部世界的前提是母亲需要在宝宝成长早期就开始了自然地陪伴并即时满足婴儿所需。

我绝不是说妈妈可以就此与母婴福利中心划清界限，而让母亲和宝宝自己解决诸如基础饮食、维生素、疫苗接种以及如何正确清洗尿布等所有问题。我想说的是，医生和护士应该致力于在物理方面照顾好母婴的身体，确保没有任何事情可以扰乱正在发展中的微妙的母婴关系。

当然，对于那些每天照顾非亲生婴儿的护士来说，我十分愿意与其畅谈她们的困难和失望。我已故的朋友梅雷尔·米德尔摩尔医生曾在她的著作《哺乳的母子》中这样写道：

护士们常由于紧张而做出强行干涉的行为，请不要过于惊讶。她跟随新手父母体验过一次又一次的哺乳，或成功或失败，到了一定程度，就理所当然地把夫妇两个人的责任变成了自己的责任。当她看着新手妈妈笨拙地哺乳后便会忍不住干涉，认为自己做得更好。结果这种被激起的母性本能，非但没有为新手妈妈提供强大的支持，反而成为她强有力的竞争。

读到这里的妈妈们，哪怕你在与宝宝的第一次接触中宣告失败，也不必过于难过。导致失败的原因有很多，未来还有很多机会去弥补已经发生的错误或被忽略的事情。但是，为了尽可能支持那些正在努力完成所有母婴任务中最重要任务的妈妈，我不得不冒一冒险了，因为这很可能会让一些妈妈感到不快。即便如此，我还是要开诚布公地说一说我的观点，即如果一个母亲正独自处理母婴关系，那么她就是在为孩子、为自己，为整个社会竭尽所能地做贡献。说到底，孩子与父母、与其他孩子、与社会的关系都取决于母婴关系的融洽，这只是妈妈与宝宝两个人的事，与是否定时、定量哺乳，是否母乳喂养无关。

第五章　神秘的消化系统

宝宝最难以忍受的是饥饿，一旦宝宝感到饥饿，他们体内的某些不可掌控的东西就开始活跃。于是你开始准备食物，这种行为所发出的声音在宝宝看来就是一个信号，即他终于可以放心地释放这种对食物的强烈渴望了。唾液从他的小嘴巴里流了出来，这是因为他们还没有学会吞咽唾液——他们通过流口水向世界诉说，任何可以用嘴巴咬住的东西都是他们感兴趣的。这说明宝宝变得兴奋了，特别是嘴巴。宝宝的手也开始挥舞着，寻找满足感。所以当你给宝宝食物时，是在配合他们对食物的巨大欲望，他们的嘴巴先做好了准备。此时，宝宝的嘴唇会变得非常敏感，这是为了提高口腔的高度愉悦感。一旦过了婴儿期，宝宝在以后的生活中就再也不会有这种感觉了。

妈妈总是会积极适应宝宝的任何需求，乐此不疲。因为她无条件地爱着宝宝，心甘情愿为了宝宝做微妙的调整，尽管其他人认为这么做并没有必要，宝宝也不可能有所察觉。无论是亲自哺乳还是奶瓶喂养，宝宝的嘴巴都会异常活跃，就是为了使奶水从乳房或奶瓶中大量涌进他的嘴巴里。

人们普遍认为，母乳喂养的宝宝和奶瓶喂养的宝宝存在某些差异。母乳喂养过程中，宝宝会咬住乳头的根部位置，这会让母亲感到相当疼痛，但只有这么做才会有足够的压力将奶水吸入嘴中，然后吞咽下去。奶瓶喂养的婴儿与之不同，他必须换一种技巧，重点必须放在吸吮上，而吸吮在母乳喂养中则是次要问题。

习惯使用奶瓶喂养宝宝的人有时会需要在奶嘴上开一个相当大的孔，这让他们能在熟练掌握吸吮技巧之前就能吃到奶水。但有一些婴儿能马上学会吸吮，如果孔开得太大，反而会不知所措。

妈妈在使用奶瓶喂养时，必须有意识地调整一些与母乳喂养不同的事情。母乳喂养的妈妈可能会更放松，当她感觉到血液正涌向乳房时，乳汁就会自然流出来；而当她用奶瓶喂养时，要时刻保持警醒，记得要时不时将奶瓶从宝宝的嘴里拿出来，让奶瓶里进去一些空气，否则奶瓶就会陷入真空状态，变得很难吸吮。她还要记得让奶水冷却到适宜的温度，因此不得不将奶瓶一次次贴在手臂上测试。最好再准备一盆热水，以便将奶瓶放在里面保温，这样一来，就算宝宝喝得太慢也不会让奶水变冷。

现在我们关心一下奶水被吞下后会发生什么。可以说，在奶水被吞下去之前，宝宝对奶水的了解要比我们想象得多得多。奶水进入口腔，宝宝会记住这种感觉，同时记住它的味道。到此为止，哺乳过程无疑是令宝宝满意的，于是，宝宝吞下了奶水。从宝宝的角度看，吞下后意味着口腔里的那种满足感几乎消失了。这么一来，哺乳似乎还没有拳头和手指好用，因为它们始终在那里，可以一直吸吮。当然，被吞下的奶水并没有消失，它到了胃里。婴儿似乎知道他们有胃这样一个器官，也知道它的状态，因为奶水还有可能从这里返回嘴巴。

众所周知，胃是一个小小的器官，形状有点像长在身体内部的奶瓶，横跨在肋骨下从左到右摆动着。它也是一块相当复杂的肌肉，具有出色的适应新环境的能力，就像妈妈适应宝宝一样出色。也就是说，它会自动适应，除非被激动、恐惧或焦虑等情绪干扰，就像妈妈们自然而然地会成为好母亲，除非她们感到紧张和焦虑一样。

胃就像身体里的一个微型好妈妈。当宝宝感到舒适（或者成年人嘴里所谓的放松）时，这个叫做胃的肌肉容器会表现得相当好。这意味着它保持着一定的内部张力，同时保持着相对稳定的形状和位置。

所以，奶水一到达胃里，就会被保存下来，然后开始一系列我们称之为消化的过程。胃的底部有一种促进消化的液体，它的顶端充斥着一些空气，这些空气对妈妈和宝宝来说意义重大。当宝宝吞下乳汁时，胃里的液体会增加。如果妈妈和宝宝相对平静，胃壁会自行调节压力来适应新进入的乳汁，然后稍微放松，胃就变大了。不过，宝宝通常在哺乳时会很兴奋，这使得胃需要多一点的时间来调整和适应。胃里突然增加的压力会让人感到不舒服，有一个办法能快速解决这个问题，那就是让宝宝打嗝。因此，在喂完宝宝后，甚至在喂养的过程中，最好让宝宝打几个嗝。宝宝在直立状态下，能轻松打嗝，然后顺利排出气体。这就是为什么我们经常看到妈妈们在给孩子喂完奶后总是把他竖着靠在肩头，轻轻拍打他的背部，因为这个动作会刺激胃部肌肉蠕动，让气体通过打嗝顺利排出。

当然，宝宝的胃经常能快速适应乳汁，很快接受母乳，这时就不需要打嗝了。但是，如果宝宝的母亲处于紧张状态（有时确实可能如此），那么宝宝也会变得紧张，这时，胃就需要更长的时间来适应食物量的增加。如果母亲理解了整个过程，就能很容易地处理好打嗝。不过当某一次喂养突然与平时的喂养不同时，或者当你的宝宝在打嗝问题上与其他宝宝不同时，妈妈就会陷入困惑。

如果你压根不明白这一切是怎么发生的，肯定会感到困惑。这时，邻居对你说："喂完奶后，一定要给孩子拍一拍背。"因为你对此毫不知情，所以根本无以反驳，只能照做，然后用力拍打宝宝的背部，让他打嗝。这其实就陷入了一种教条，因为你只是把自己（或邻居）的想法强加给宝宝，干扰了宝宝尝试自然调节的好机会，而且这种机会很可能是唯一的。

奶水进入胃里后，会在这个小小的肌肉容器里保存一段时间，直到发生第一阶段的消化。事实上，酸奶的制作过程其实就仿照了此时宝宝胃里正在发生的情况。所以，当你的宝宝偶尔吐出一些凝固的奶水时，请不要惊慌失措，这是正常的，而且，宝宝其实很容易因消化不良而吐奶。

在这个阶段，胃正努力进行消化，这时如果能让宝宝安静下来将是非常有益的。喂完奶后，是将宝宝放入婴儿床还是由妈妈抱着轻轻地走动一会儿，都由妈妈决定，因为每个妈妈的情况是不一样的，每个宝宝的情况也不尽相同。一般情况下，宝宝会选择仰躺着，仿佛沉浸在自己的世界里。这时，他可能是心满意足的，因为此时全身的血液正流向身体最活跃的部位——胃，胃里会感觉到阵阵温暖。

在消化过程的早期阶段，外界的干扰、分心和激动都很容易导致宝宝不满，然后哭闹，甚至呕吐，或者奶水在还没有完全分解消化好时就过早地流向下一个阶段。所以，我想你一定明白了，在喂养孩子这件事上，不让无关的邻居参与是多么重要的一件事。这一原则不能仅仅适用于在给孩子喂奶的时候，而应该一直持续到食物彻底离开胃的时候。这就像一场庄严肃穆的仪式到了最重要的环节，这时若是有一架飞机从头顶划过，一定会破坏气氛。这个庄严的仪式从喂食完成之后，直到食物被完全吸收为止。

如果一切顺利，这个十分重要且敏感的环节不久就会结束，然后你会听到宝宝的小肚子里传来咕噜咕噜的声音。这意味着奶水正在进入下一个环节，而胃正自动地通过一个阀门将越来越多的消化了的奶水流向我们称之为肠道的地方。

在这里，你无须过多的了解肠道究竟在发生什么。奶水的消化过程非常复杂，但是消化了的奶水会被逐渐吸收到血液中，接着被运送到身体的各个部分。有趣的是，奶水离开胃后不久就会融入胆汁。胆汁来自肝脏，它总是在适当的时候释放出来。正是因为有了胆汁的加入，肠道里的东西才有了特定的颜色。你如果得过黄疸，就会知道当胆汁不能从肝脏流入肠道时（在这种情况下，是因为运送它的小管发炎肿胀），那感觉有多糟糕。发生黄疸时，胆汁直接进入你的血液而不是肠道，所以你的全身就变黄了。但是，当胆汁在正确的时刻从肝脏流向肠道时，我们的宝宝就会感觉良好。

　　现在你去查阅生理学书籍，就会清楚理解奶水在进一步消化过程中的所有情况，但单纯从母亲照顾婴儿的角度看，这些细节其实并不重要，重要的是，宝宝肚子里传出来的这些咕噜声表明那个消化过程中最敏感的时期已经结束，食物已经真正进入了他的体内。从婴儿的角度来看，这个过程就像一个谜，是婴儿无法理解的生理学认知。但最起码，我们知道食物就是这样以各种方式经肠道吸收，最终被分配到身体的各个部分，并通过血液被带到正在生长着的每个细胞里。在宝宝体内，这些细胞以惊人的速度生长着，所以需要外界持续稳定地供给养分。

第六章　消化过程的结束

上一章中，我们追踪了奶水从吞咽到消化、吸收的全过程。食物一旦进入宝宝的肠道，便不再是妈妈能干预的事了。从宝宝的角度来看，这个过程就是一个谜。然而，当奶水逐渐进入最后一个阶段，也就是排泄阶段，宝宝会再次变得活跃，所以妈妈也会被再次牵涉进来。这时，如果妈妈知道正在发生的情况，就可以更好地发挥自己的作用。

事实上，食物并不会被全部吸收，即便是极易吸收的母乳也会留下一些残渣，通过代谢会对肠道有一定的磨损。总之，食物消化完成后还是会生成很多残留物，而这些必须被排出体外。

需要被排出体外的东西逐渐被传送到肠道的下端，直抵肛门，这就形成了粪便。这是怎么做到的呢？其实是通过肠道肌肉群的一系列收缩波，残留物才得以前进，这些收缩波会沿着肠道持续传导。顺便说一下，你知道成人的肠道有多长吗？足足6米，也就是说食物需要通过一条长达6米的狭窄管道，最后才能变成残渣排出体外，而宝宝体内的肠道大约有3.6米。

曾经有位妈妈是这么对我说的："医生，食物简直是直接穿过宝宝的身体。"在妈妈看来，食物一进入宝宝体内就立刻从另一端排出来了。其实，这只是它的表象，事实并非如此。这是因为宝宝的肠道很敏感，食物一旦进入就会引起肠道收缩；当这种收缩把食物残渣运送到肠道下端时，就会排便。肠道的最后部分，也就是直肠，大多数时间是空着的。当有很多食物需要传送，或者宝宝过于兴奋时，又或者肠道因感染而发炎时，收缩就会变得异常活跃。只有耐心地等待宝宝渐渐地掌握一些控制能力，才能自己主导排便。

接下来我会告诉你为什么会这样。

我们可以先想象一下，直肠其实已经充盈了，这是因为它已经囤积了大量的残渣等待排出，而导致排便的实际刺激来自最后一次喂食所激发的消化过程。直肠迟早会被填满，当食物残渣还在更高的位置时，宝宝不会有想要排便的感觉，直到直肠被填充满，才会产生这种明确的排便感，这种感觉会让宝宝十分不舒服、不开心。所以在刚开始，我们不能期望宝宝能控制直肠或控制排便。所有人都清楚，在照顾宝宝的早期阶段，需要经常更换、清洗尿布。如果给宝宝穿衣服，就必须要频繁更换尿布，否则让粪便长时间与宝宝娇嫩的皮肤接触会导致皮肤发炎、疼痛，尤其当宝宝由于某种原因很快、很频繁地排便，且粪便呈液态时，问题就更严重了。仓促地开始训练宝宝定时排便并不能解决你必须清洗尿布的问题，但如果你稍微有些耐心，那么这个问题会自然而然地解决。

设想一下，如果宝宝能在食物运行的最后阶段忍住排便，那么粪便就会变得干燥，因为水分会随着肠道的运动被吸收。

宝宝十分享受排出固体粪便的感觉，因为在排便的那一刻，他可能会有一种快感。有时候这种快感甚至能让宝宝因过于兴奋而哭泣。你知道让宝宝自然排便意味着什么吗？虽然你仍然需要在某种程度上提供一些帮助，但这意味着你已经在尽可能地给他机会，让他在一次次地排便经验中发现囤积食物残渣，并让便便在直肠停留一段时间再排出是很有趣的一件事。而且，如果一切顺利的话，排便甚至可以成为一种十分满意的体验。建立宝宝对这件事的健康态度正是在为你日后对宝宝展开任何训练奠定基础。

也许有人告诉过你，应该在宝宝饱食之后尽早展开排便训练。如果这样的话，这只是在试图免去自己换洗尿布的麻烦，除此之外，并没有多少好处，因为宝宝还远远没有准备好接受这种训练。如果你不允许宝宝在这些事务中自由发展，就会干扰到他自然成长的开始。同时，你也会错过这件事带来的所有好处，例如，如果你耐心等待，迟早有一天会发现，躺在婴儿床上的宝宝会用自己的方式告诉你他已经排便了，有时你甚至能预感到他马上要排便了。

这时，意味着你正与宝宝建立一段新的关系，他虽然不能以普通成年人的方式与你交流，但他已经找到了一种无需言语的交流方式。就好像他在说："我想我可能要排便了，你难道对此不感兴趣吗？"而你（虽然没有真的说出来）回应道："是的，我当然感兴趣了。"同时，你要让他知道，你之所以感兴趣，并不是因为你担心他会弄脏什么，也不是因为你应该教他如何干净清爽地排便。你之所以对此感兴趣，是因为你是一个全心爱着宝宝的妈妈，所以宝宝觉得重要的事对你来说也至关重要。即便你很晚才发现宝宝在提示你他排便了也没关系，因为重要的是回应宝宝的呼唤，而不是担心清洁问题。

就是这样，你与宝宝的关系在一次次体验自然排便中变得更加亲密。有时候，宝宝会对排山倒海而来的便意感到害怕，有时候又会觉得这件事十分有价值。重要的是，因为质朴而真挚的母爱，你很快就能区分出什么时候是在帮助宝宝摆脱不好的事情，什么时候是在接受宝宝给你的礼物了。

值得一提的是，这里有一个非常实用的观点，当宝宝完成一次令人满意的排便后，你可能会认为这一切都结束了，然后你再次将宝宝包裹好，继续做自己的事。但宝宝可能会很快表现出新的不适，或者立马又弄脏了新换的尿布。这是因为刚刚排空后的直肠，可能立马就被新的残渣填充了。所以，如果你没有十分着急的事，不妨等一等，等到下一波收缩来临时，宝宝就可能排出这一部分残渣。这种情况时有发生。

不要着急，要耐心地让宝宝将直肠清空，这样可以保持直肠的敏感性。下次填满直肠，将是几个小时以后的事情了，宝宝将再次自然地经历整个过程。而那些匆匆忙忙的母亲总是让她们的宝宝在直肠里保留一些东西，这种情况，要么导致尿布再次被弄脏，要么导致残渣持续留在宝宝的直肠里，从而使宝宝的直肠越来越不敏感，影响下一次的排便。

妈妈在照顾宝宝时，如果总是采取一种不慌不忙的态度，其实是在为宝宝将来的规律排便奠定基础。如果总是匆忙结束孩子的排便，不让他拥有完整的排便体验，他就会陷入一种混乱。妈妈不紧不慢的节奏会让宝宝避免混乱，从而跟随妈妈的节奏，逐渐放弃一有便意就立马排泄的随心所欲。宝宝之所以学会控制排便，不仅仅是体谅你，减少你的慌乱，更多的是出于想要等待你出现，他会把这个动作与你愿意照顾他这一事实联系在一起。等到有一天，宝宝可以自由控制排便了，他会选择在想要支配你时立刻排便，而在想要取悦你时寻找更为合适的时机进行排便。

可以这么说，其实很多宝宝在排便这一重要事情上错失了体验自己内在世界的良机。我认识一位年轻妈妈，她从来没有让自己的宝宝自然地排过便。她的理论是，不让粪便以任何方式留存在直肠，因为这样会毒害宝宝。这其实是不对的，让宝宝憋几天大便不会对他造成任何伤害。这位妈妈甚至总是用肥皂棒和给宝宝灌肠来促进宝宝排便，结果就是导致宝宝陷入彻底的混乱。可以想象，这位妈妈不太可能培养出一个爱她的、快乐的孩子。

另一种排泄方式，排尿，也遵循相同的原则。水被婴儿吸收，一部分进入血液，不需要的部分则被宝宝的肾脏过滤，之后与溶于其中的废物一起传送到膀胱。当膀胱的液体越来越多时，宝宝才开始有所感知，然后产生排尿的冲动。起初，这个过程在绝大多数时候是自然发生的，但是后来，宝宝逐渐发现，稍稍忍耐一会儿再排尿会有意想不到的愉悦体验。这么一来，就开发出了另外一种小小的狂欢，宝宝会觉得生活变得丰富，生命和身体都变得有价值了。

随着时间的推移，妈妈会发现等待是值得的，因为可以利用宝宝的这种发现，通过一些迹象来判断可能要发生的事，并借由照顾孩子的兴趣进一步丰富宝宝的经验。用不了多久，当宝宝学会等待的时候，你们就会通过这些事将彼此纳入充满爱的关系里。

这样来看，妈妈们是不是还要像对待母乳一样来对待宝宝的排泄问题呢？妈妈们只有认识到宝宝的每一个细节都需要关注和探寻时，来自身体的兴奋体验才能聚结为她和宝宝之间爱的纽带。

这样的情况只需要持续一段时间，所谓的有规律的训练就可以轻松完成了，因为在一段和谐的母婴关系里，妈妈有权向宝宝提出任何合理的要求。

这再次说明一个事实，即宝宝健康的基础是任何一位平凡的母亲在对孩子的日常照料中自然而然奠定下来的。

第七章 特写：母亲喂养婴儿

宝宝总是能在第一时间感受到妈妈的活力，包括她在看护自己的过程中表现出来的快乐和满足。这会让宝宝感觉到，他并不是孤身一人，总会有一个全心全意爱着他的人在他身边，关心他、呵护他。其实，最终让宝宝感受到母爱的，正是妈妈们设身处地地想宝宝所想，做宝宝想做。没有任何书本上的理论可以取代一位母亲对婴儿需求的感知能力，这种能力使她总能适时而精准地做出满足宝宝这些需求的事情。

我将列举两种喂养情况，并通过观察、比较来分析这些情况，一种是在家里由母亲用母乳喂养的宝宝，另一种是在育婴机构里由护士用奶瓶喂养的宝宝。育婴机构是一个不错的育婴场所，但那里的护士需要照顾很多婴儿，有很多事情要做，没有时间给予某个宝宝特别的关注。

首先，我们来谈谈育婴机构中的婴儿。读到这篇文字的护士们，尤其是那些一对一照顾婴儿的护士们，请原谅我以下所列举的情况揭示了你们工作中最糟糕的一面。

其实，我们很难预料育婴机构中的婴儿在进食的时间里会发生点什么。首先，婴儿无论是对奶瓶喂养还是母乳喂养，都没有什么清楚的概念，因此尚可以期待一下，也许情况并不那么糟糕。奶瓶来了,护士会将躺在小床里的宝宝稍微垫高一点,然后将奶瓶靠着枕头,放到能让宝宝含到嘴里的位置。接着,护士会将奶嘴放进宝宝的嘴里,站在旁边观察一会儿,然后就不得不转身离开照顾其他哭闹的宝宝了。

刚开始事情进展得相当顺利,宝宝正经受饥饿,这种刺激让他在接触奶嘴的一瞬间就开始拼命地吸吮,牛奶就这样流进了他的嘴里,这种感觉还不错。不过,奶嘴就那样一直放在嘴里,过不了一会儿就会影响到他的正常呼吸,那时,奶嘴就变成了巨大的威胁。宝宝开始哭闹、挣扎,直到把奶瓶挤掉,才终于可以喘口气,但这种舒缓只能持续一小会儿,因为宝宝很快就想继续吃奶了,但奶瓶不会自动送到嘴里,他只好再次哭闹,直到引起护士的注意,奶嘴被重新放回嘴里。这时,在成人看来,这个奶瓶和奶嘴跟一开始用的那个没什么差别,但在宝宝眼里却发生了翻天覆地的变化,它似乎变成了一种能够威胁他生命的坏东西,它变得危险了。奶瓶喂养就是这样一个过程,循环往复。

我们再来看看另一种情况,由妈妈使用母乳喂养的宝宝是怎样的呢?我总能看到一个从容不迫的母亲以一种娴熟细致的方式处理同样的情况,这真令人震惊,并令人感动。她会给宝宝营造出一个舒适的环境,等一切安排妥当后再开始喂养,这个环境的营造本身就是人类关系的一部分。如果妈妈选择母乳喂养,我们会发现,妈妈们会让这个还很小很小的宝宝享受到极大的自由,比如让他的小手保持自由,触碰乳房,感受它的温度,测量自己和乳房的距离。对于宝宝来说,这是多么感人啊,因为在这一阶段,以他小小的嘴巴、双手和眼睛所认识的客观世界仅限于此。

吃奶时，宝宝的脸会亲密接触乳房。最初，宝宝可能并不知道乳房是妈妈身体的一部分，甚至不知道触碰乳房时所感受到的愉悦是来自乳房还是自己的脸。因此，宝宝会时常把玩自己的脸颊，甚至把自己的脸颊当成乳房来抓挠。妈妈当然有理由让自己的孩子展开各种探索，而宝宝也一定对此非常敏锐。这也让我们更加确信，这些触碰的感觉相当重要。

宝宝需要一个安静的环境去经历这一切，并需要感受到妈妈充满爱的拥抱，也就是说，宝宝喜欢充满生机的气氛，绝不喜欢感受妈妈的慌乱、焦虑和紧张。妈妈的乳头一旦与宝宝的嘴巴建立联系，宝宝就会爱上这种亲密关系并展开联想，认为嘴巴外面一定还有更多值得探索的东西。比如，宝宝可能会故意流出唾液，然后享受吞咽唾液的感觉，甚至一度觉得自己不再需要奶水了。就在这种想象中，宝宝开始对妈妈提供的一切感兴趣，他会含住乳头，用嘴挤压它，吸吮它，然后停下来，放开乳头，转身到另一边去，探索其他东西。

看到这里，你发现这有多重要了吗？宝宝对乳房和乳头展开了想象，然后通过自己的探索完成了这个想象，直到他转过身去，对乳房的想象消失不见。

这种经历与我们之前所讲述的在繁忙的育婴机构中宝宝的经历大不相同。当宝宝转过身去后，妈妈是怎样应对这种情况的？妈妈不会马上把乳头重新推回宝宝的嘴里，逼迫他重新吸吮。妈妈了解宝宝的感受，因为她是活生生的人，而且是全心全意爱着宝宝的人，她会展开联想，然后耐心等待。也许不出几分钟，甚至在更短的时间里，宝宝会再次转向她，找回乳头继续吸吮。整个哺乳过程，除了单纯的喂养关系，宝宝与妈妈之间更建立了一种新的联系。当这种情况一次又一次地重复发生后，宝宝就懂得了，他不是从一个装有奶水的温暖器物里喝东西，而是从一位愿意给予他最宝贵的乳汁的人那里喝东西。

所以你看，妈妈允许宝宝转过身去的做法，反而微妙地显示了她是一个人，宝宝也很快能认识到这一点。特别是当宝宝不再想要乳头时，妈妈把乳头从宝宝嘴里拿走的动作，能极大地确立她母亲的身份。一开始，妈妈可能不会成功，尤其在宝宝想要捍卫自己的权利时，比如拒绝进食或转头入睡等。

对于任何渴望慷慨给予的妈妈来说，这是非常令人失望的一件事，因为有时她实在无法忍受乳房的胀痛感（除非有人告诉她如何挤奶）。然而，妈妈们也应该知道，宝宝的转身离开也是有价值的，这样或许能帮助她们渡过难关。妈妈们可以把宝宝的转身离开或拒绝进食，当作宝宝需要特别关心的一种暗示。这意味着妈妈必须尽一切办法为哺乳提供更加舒适的环境，一种让母婴彼此都舒适的环境，然后留出充足的时间；还要让宝宝的手臂自由活动，让他们能够用手触摸母亲的皮肤，必要时，甚至可以选择让母婴两个人都浑身赤裸着完成哺乳。因为如果没有一个良好的哺乳环境，哪怕是强迫宝宝吃奶也起不到任何作用。所有这些经历，可能都会变成一种回忆，时不时地重现于宝宝以后的成长过程中。

话已至此，我想也可以谈一谈那些刚刚生完孩子的妈妈们的处境了。妈妈们刚刚经历了产前焦虑、严峻的分娩考验，现在她们仍需要来自家人和医护人员的帮助和照顾。出于种种原因，她们在此时变得特别容易对身边的女性产生依赖感，这些人可以是医生、护士，还可以是助产士，抑或是自己的妈妈或婆婆。要知道，妈妈才是照顾婴儿的最佳人选，只有她最了解如何进行母乳喂养，她为了这一刻已经准备了九个月，但如果此时有人将自己丰富的母婴护理经验强加于她，她是无法反驳的。当然，也会有理想的状况，如医护人员和产妇之间关系非常融洽，且意见一致。如果有了这一层愉悦的关系，妈妈会有充分的机会按照她自己的方式照顾宝宝，与他建立起第一次的亲密接触。

宝宝大多数时间都在妈妈身边睡觉，她可以不断地看向床边的摇篮，看看那个她历尽千辛万苦生下来的人类幼崽。她会慢慢习惯宝宝的哭声，如果那哭声搅得她心神不宁，就让家人先把宝宝带走，等她睡醒后再带回来。当她感觉宝宝想要吃奶时，或者想要更多接触她的身体时，她随时可以把宝宝抱到怀里喂养。通过这种经历，宝宝的脸、嘴和手，便与她的乳房建立起了特殊联系。

我们也经常听到新手妈妈们对育儿有着各种忧虑，这是因为没有任何人向她解释任何事情。除了哺乳时间，宝宝永远被放在另外一个房间，甚至和其他孩子一起，那个房间总是传出宝宝的哭声，妈妈无法分辨那哭声是否来自自己的孩子。终于到了哺乳时间，孩子在毛巾的包裹下被带来，这时，哪怕母亲再怎么努力喂养"它"（我故意用"它"这个字），她也不会感到怀里这个奇怪的东西拥有生命力，宝宝也难以通过乳房体会到来自母亲的关爱。甚至还会有所谓的"帮手"——在婴儿不准备吸吮时就把宝宝的嘴巴强按在乳房上。对宝宝来说，没有比这更可怕的事情了。

　　然而，即便是母亲，也必须一点一点积攒经验学习如何成为好母亲。通过经验的积累，她们会得到成长。如果她们认为通过努力学习育儿知识就能很快学会如何成为完美的母亲，那她们就走错了方向。从长远来看，宝宝需要的是母亲，以及父亲，共同营造出一个温馨健康、充满爱意的家庭环境。

第八章　母乳更好吗？

在上一章中，我们以一种个人化的视角讨论了母乳喂养，而在本章中，我们将从技术性层面探讨相同的主题。首先，我们从母亲的角度了解要讨论的内容，医生和护士则可以以此解决年轻妈妈们最迫在眉睫的问题。

在儿科医生的讨论中，有人指出，我们根本不知道母乳喂养的价值特殊在哪里，我们也不知道应该依据什么原则来选择断奶的时机。很明显，关于母乳喂养的问题，在生理学和心理学上都占有一席之地。在此，我们把身体过程的复杂研究留给儿科医生，只试图从心理学的角度发表评论。

从心理学角度出发，母乳喂养依然是一件极其复杂的事情，好在现在已经有足够的理论知识可以捋出一些头绪来。但这里仍有一个复杂的问题，即书写的内容即使是真实的，也不一定会被采纳，我们必须首先解决这个问题。

任何成年人，甚至连儿童都早已忘了当自己还是个婴儿时是一种什么感觉。婴儿时期的感觉，无疑都储存在我们的记忆深处，但我们却无法将其重新唤起。只有在那些患有严重的精神病症的人群中，才可能会重现婴儿时期的强烈感受：当患有精神疾病的患者专注于某种恐惧或悲伤时，与婴儿对某种情感的专注十分相似。直接观察一个婴儿，我们很难把看到和听到的东西转换为术语；就连我们的想象也很可能是错误的，因为我们对于这种情况的各种想法都属于后期发展来的。最终，仍然是照顾自己婴儿的母亲所感觉到的才最接近婴儿的真正感觉，但她们也会在短短几个月后失去这种与婴儿的认知相同的特殊能力。遗憾的是，在母亲们忘记这个重要的阶段之前，又很少有人想要传达她们所知道的东西。

医生和护士，虽然能娴熟地处理自己的工作，但他们对婴儿心理的了解并不比其他人更多。因此，有人指出，在人际关系中，没有什么比一个婴儿和母亲（或乳房）在母乳喂养时所建立起来的联系更强大。我不指望能说服所有人，但如果想要比较奶瓶喂养和母乳喂养的价值，至少要考虑到这一点。一般来说，这适用于动态心理学，特别适用于婴儿早期的心理学。在其他学科中，如果发现某些事情是真的，人们通常可以毫无压力地接受这个真理，但在心理学中，人们总是存在情感压力的问题，以至于某些不太真实的东西反而比真理更容易令人接受。

有了这个前提，我可以大胆地声明，婴儿与母亲的关系在母乳喂养过程中会变得特别紧密。此外，这种关系也是极为复杂的，它包括令人期待的兴奋感，进食过程中的体验感，以及生理上得到满足后产生的心理上的松弛感。在人们以后的成长中，性感受会与婴儿期母乳喂养的感受相媲美，前者往往会唤醒后者。也就是说，性体验的模式往往带有婴儿早期本能生活的特质。

然而，本能体验的瞬间并不是婴儿生活的全部。婴儿与母亲的关系，不仅仅包括在哺乳与排泄时产生兴奋、抵达高潮，还有很多其他内容。在早期情感发展中，婴儿还有一个更为艰巨的任务，那就是将两种类型的关系与母亲结合在一起：一种是婴儿的本能被唤醒，另一种是母亲是安全、温暖环境的提供者，保护婴儿免受外部世界的伤害。

没有什么比在感受兴奋、满足、愉悦等良好体验时那样，能如此清晰地使婴儿确信母亲是一个完整个体。当婴儿逐渐认识到母亲是一个完整的人时，便拥有了这样一种技巧，即为母亲的付出做出一定程度的回馈。如此一来，婴儿也就完成了对自己是一个人的认知，但这种回馈却有心无力，所以婴儿会产生愧疚感，这便是愧疚感的源头，也是婴儿在找不到母亲时感受到悲伤的源头。如果母亲能与婴儿实现这种双重认证，即通过建立良好的母乳喂养关系，彼此都能够认识到对方是一个完整而独立的人，那么此时，婴儿的情感发展已经朝着健康的方向前进了，并最终引导他能独立存在于人类世界。

许多母亲有这样的感觉，认为自己在最初的几天里确实与婴儿建立起了某种联系，这是因为婴儿在出生后的几周内就学会了向母亲报以微笑。这个成就是建立在形成良好的亲子关系，以及给予本能满足中实现的。一开始，这些成就可能会因为母亲出现一些与本能经验相关的困难（如母亲无法哺乳），或者是因为超出婴儿理解能力的环境变化而丧失。总之，完整的人类关系的早期建立和维护，对儿童后天的发展极其重要。

当然，由于某种原因而不能提供母乳的母亲，还可以选择使用奶瓶喂养，从而满足婴儿的本能需求，进而完成大部分人类关系的早期建立。总体来说，那些可以提供母乳喂养的母亲似乎总能够在喂养行为中收获更丰富的经验，而这大大有助于母婴关系的早期建立。如果仅仅是满足本能所需，那么母乳喂养和奶瓶喂养其实并没有太大差别。

除此之外，还有一个极为复杂的问题，它在研究母乳喂养的特殊价值时至关重要，即人类婴儿是有思想的。在生命之初，婴儿的幻想体现在吃奶时的兴奋体验上，这种体验能够在婴儿的心灵中得到丰富的表达。这种幻想的本质是对乳房的无情攻击，当婴儿终于意识到乳房属于母亲时，这种攻击就转移到了母亲身上。

原始爱欲冲动总是带有一个非常强烈的攻击性元素，这就是觅食冲动。随着时间的推移，婴儿的幻想仍在继续，母亲仍会遭到无情攻击，尽管这种攻击行为十分微弱，但婴儿的破坏欲望不能就此忽略不计。最后，一次次满意的哺乳终结了这场狂欢，也圆满完成了婴儿幻想的体验。然而，当婴儿将喂养和攻击联系在一起，发现被攻击和被掏空的乳房同为妈妈的一部分时，就会对自己的攻击性产生一定程度的担忧。这意味着婴儿开始参与到母婴关系中来了。

无数次吮吸过母亲乳房的婴儿显然与无数次奶瓶喂养的婴儿拥有十分不同的状态。与使用奶瓶喂养的妈妈相比，进行母乳喂养的妈妈绝对是一个奇迹。我并不是说用奶瓶喂养的妈妈没有办法应对以上这些状况，毫无疑问，婴儿也会和她玩耍，她也会允许婴儿适当地咬她一口。可以看到，当事情进展顺利时，婴儿几乎会误以为自己得到的是母乳喂养。然而，两者终究是不同的。在精神分析中，通过深挖成年人性经验的所有早期根源，分析师会得到充足的证据，证明在令人满意的母乳喂养中，从母亲身体获取食物的事实为人们日后涉及本能的所有类型的经验都提供了一个"蓝图"。

不排除一些婴儿一开始就没有办法吸吮母乳，虽然很罕见，但这并非天生的缺陷，问题出在母亲这里。母亲由于受到某种干扰而无法满足婴儿的需求，才造成了这一情况。这时，如果继续坚持母乳喂养，则大错特错，严重的，更会出现灾难性的后果。放弃母乳喂养，转而进行奶瓶喂养的事也时有发生，无法吸吮母乳的婴儿改为吸吮奶瓶后，反而不再出现任何问题。同样，如果母亲患有焦虑或抑郁，那么让宝宝躺在床上比躺在妈妈的怀里更能获得好的体验。对于那些患有焦虑症或抑郁症的母亲来说，她们的婴儿往往会在断奶后获得解脱。只有认识到这一点，研究该领域的人才能从理论上理解母亲履行自己职责的重大意义。成功的哺乳经验对妈妈来说，比婴儿更为重要。

在此，必须补充的是，成功的母乳喂养并不能代表所有问题迎刃而解，这反而意味着开启了一段更为紧张和强烈的情感关系体验。从婴儿的角度来说，反而表明他面对生活和人际关系中真正重要的内在问题的机会越来越多了。当喂养必须用奶瓶来完成时，各方的压力反而得到了缓解。从轻松管理的角度来看，医生可能会认为能把复杂事情简单化的东西才是有益的，但这只不过是从疾病和健康的角度来看待生命，真正关注婴儿成长的人是从是否有益于人格发展的角度来思考的，不过，这就完全是另外一回事了。

那些得到母乳喂养的婴儿，很快就能学会用某些物体象征乳房，进而象征母亲。宝宝对于自己和妈妈的关系（无论是兴奋状态还是平静状态）都体现在他与拳头、手指、一个手帕或一个柔软的玩具的关系中。婴儿情感目标的转移是一个漫长的渐进过程，只有在乳房已经通过实际经验被孩子彻底融入印象中时，其他物体才能代替乳房。起初，人们认为奶瓶可以作为乳房的替代品，但这只限于有过母乳体验的婴儿。这时，可以把奶瓶当作玩具给婴儿，这种替代才有意义。一开始就代替母乳给婴儿进行奶瓶喂养，或在最初几周内以奶瓶替代乳房，那么将使得其反。而且，从某种程度上说，奶瓶很可能会成为婴儿和母亲之间的障碍，而不是纽带。总之，奶瓶并不是很好的乳房替代品。

断奶问题非常有研究价值，因为断奶往往关系到母乳喂养和奶瓶喂养的不同选择。从根本上讲，两种情况下的断奶过程是相同的。婴儿在成长的某个阶段，会出现丢弃东西的行为，在妈妈看来，这正是断奶的最佳时机。无论是母乳喂养还是奶瓶喂养，都有断奶的一天，但在某种程度上，没有任何一个婴儿能真正做好断奶的准备，除了一些会自己断奶的婴儿。断奶总会伴随着愤怒、怨恨，不过在这一点上，就显现出母乳喂养和奶瓶喂养的差距了。母乳喂养的孩子，母婴之间必须挨过一个与乳房有关的愤怒期，这种愤怒会激发出很多带有攻击性的想法，直到协商妥协。无论是婴儿还是母亲，成功度过这一阶段显然是一个无比丰富的经历，这比断掉奶瓶那种机械化喂养模式培养出来的母婴关系要丰富得多。在断奶的经历中，一个重要的事实是母亲能够承受断奶带来的所有情绪，她之所以能挺过来，一方面是因为婴儿保护了她，另一方面是她保护了自己。

　　这里还需要探讨一个更为实际的问题，那就是如果一个婴儿即将被领养，该怎么办？是先进行一段母乳喂养好，还是从头到尾都不进行母乳喂养更好呢？我认为这个问题没有标准答案。根据我们当前所掌握的知识，还无法对一个迟早要把孩子送走的新手妈妈提出任何有关母乳喂养好还是奶瓶喂养好的建议。许多人认为，如果一个母亲有机会进行母乳喂养，哪怕只是一小段时间，那么将来在送走她的宝宝时，也会有所安慰。但也有这种可能，即在体会到这种母婴之间的亲密关系后，再让她与婴儿分开，可能会导致更大的痛苦。这是一个非常复杂的问题，也许让一位母亲体验这种痛苦可能会比剥夺了她作为母亲的宝贵哺乳体验要好得多。但不管怎么说，每个案例都需要根据其自身的特点进行处理，最重要的是要充分考虑母亲的感受。

　　至于宝宝，成功的母乳喂养和断奶经验显然会为领养打下良好的基础，但是那样的孩子被送养的概率并不大。更为常见的情况是，被领养的孩子往往在一出生就陷入了一场混乱，领养的人很快就会发现他们所领养的宝宝已经因在襁褓中的经历而备受困扰。有一点是肯定的，早期经历确实非常重要，因此在领养时越发不可忽视孩子在最初几天或几周里的喂养情况。在一切进展顺利的时候，孩子的生命历程才能顺利启动，而在经历了几周或几个月的混乱后，一切就很难改变了。

　　可以这样说，如果一个孩子最终要进行长期的心理治疗，那么，最好在一开始就让他进行母乳喂养的体验，因为这能为他今后获得丰富的人际关系提供基础，且让这种关系在治疗中被重新找回。然而，大多数孩子并不会轻易接受心理治疗，也确实更难接受长期的心理治疗。因此，在安排领养时，奶瓶喂养（虽然这并非最好的开端）的技术是否可靠就显得十分重要了。

由于奶瓶喂养不会产生过密的母婴关系，就算以后由不同的人负责婴儿的喂养任务，也不会使婴儿有所察觉。从一开始就用奶瓶喂养的宝宝，注定会缺少与母亲建立亲密关系的经历，但也正因如此，哪怕在经受一系列看护人不同的喂养方式后，宝宝依然不会陷入混乱，因为对他来说，至少奶瓶和奶水是始终不变的。在一开始，有些东西对婴儿来说必须是可靠的，否则很难使他拥有一个健康的心理。

这个领域尚有很大的研究空间，必须承认，对所有类型案例（包括各个年龄段正常的、神经质的和患有精神障碍的儿童以及成年人）的长期持续的心理分析，成为该领域获得全新认知的最有效的来源。

总之，可以说，我们不太可能轻易避开母乳喂养的替代品这个现实问题。在一些国家，奶瓶喂养已经成为普遍现象，这必然会影响群体的文化模式。如果一切顺利，母乳喂养能为婴儿提供最为丰富的经验，而且从妈妈的角度来看，这也是最令人满意的喂养方式。在婴儿看来，无论是母亲还是她的乳房，在经过母乳喂养后，它们的存在都比奶瓶显得更为重要。尽管母乳喂养所带来的丰富体验也会在一定程度上造成母婴关系的困扰，但这绝不能成为反对母乳喂养的理由。婴儿护理的目的不仅仅局限于避免婴儿的身体出状况，还包括要尽可能地丰富婴儿的情感体验。从长远来看，婴儿护理已经在一点点培养婴儿个体性格和人格的形成与深刻的发展了。

第九章　婴儿为什么会哭？

关于妈妈们想要了解婴儿，以及婴儿也想获得妈妈了解的这些显而易见的事，我们已经讨论了一些。正如宝宝需要妈妈的奶水和温暖一样，他们同样也需要她的爱和理解。如果妈妈能了解自己的宝宝，就能在他需要的时候伸出援手，更何况，根本没有人能比妈妈更了解她的孩子了，妈妈无疑是帮助宝宝的最佳人选。现在，让我们来讨论一种看起来婴儿最需要帮助的情况，也就是婴儿啼哭的时候。

如你所知，婴儿总是特别爱哭。对于妈妈来说，这让她总是陷入一种纠结，是让宝宝继续哭，还是安抚他、哺乳他呢？或者让孩子的爸爸试试？还是把孩子交给那个自认为对孩子了如指掌的保姆？你可能十分迫切地希望我能直截了当地告诉你该怎么做，但如果我真的这么做了，你又会说："这太愚蠢了！导致婴儿啼哭的原因是各种各样的，在没搞清楚原因之前，怎么可能轻易下结论。"没错，因此，我接下来会和你一起找出宝宝啼哭的原因。

从宝宝的哭声判断，啼哭有四种类型，在某种程度上它们还算准确。这四种类型可以归纳为：满足、痛苦、愤怒、悲伤。你会发现，我真的只是在说一些显而易见的事，每个婴儿的母亲都自然而然地知道这些，只不过她们没有把已知的东西用言语表达出来而已。

其实，总结下来，哭，无外乎以下几种含义：一是使宝宝产生一种锻炼肺的感觉（满足），二是痛苦的信号（痛苦），三是愤怒的表达（愤怒），四是一首悲伤的歌（悲伤）。如果你认可我总结出来的这个说法，那么接下来，我们进入详细探讨阶段。

你可能会觉得奇怪，我为什么要把婴儿的哭说成是一种满足，或者说成是一种快乐，而且是放在第一点来说。我知道，大家都认为婴儿哭泣一定是因为他不高兴了，但我还是坚持把"满足"的哭当成第一种情况。我们必须认识到，哭也可以是快乐的，像任何身体功能的运作一样。人们一旦开始哭泣，尤其达到一定程度时，哭就成了一种快乐的运动，如果达不到这个程度，则不太妙。

一位母亲告诉我："我的宝宝除了在喂食之前哭一会儿，几乎很少哭。不过，他每天下午四点到五点之间会哭一个小时，但我认为他是喜欢才哭的，而不是遇到了什么麻烦，而我做的只是让他知道我就在他身边，不会去特意安抚他。"

有人经常会这样对你说——千万不要当宝宝一哭就把他抱起来。我们稍后再谈论这个问题。还有些人会说，永远不要让婴儿哭。我觉得这些人可能还会告诉妈妈们不要让宝宝把拳头放进嘴里，或吸吮他们的拇指，或使用安抚奶嘴，或结束哺乳后让他们摸乳房。其实他们不知道，宝宝有（并且一定有）他们自己处理难题的方式。

总之，不爱哭的宝宝并不一定比爱哭的宝宝更好。就我个人而言，如果必须在这两个极端之间做选择，我会把赌注押在爱哭泣的宝宝身上。至少爱哭的宝宝已经知道他可以利用哭泣换来一些东西，前提是他的哭泣并没有使他过于频繁地陷入绝望。

我现在要说的是，从婴儿的角度看，任何身体上的锻炼都是大有裨益的。对新生儿来说，呼吸被理所当然地视为一项新的成就，能自由地呼吸可能还被当成一件相当有趣的事，那么尖叫、喊叫和所有形式的哭泣在婴儿看来必定是令人兴奋的。我们一定要认识到哭泣的价值，这样才可以看到当婴儿遇到困境时，哭泣是如何起到安慰作用的。宝宝哭是因为他们感到了焦虑或不安，这时候，哭泣的确是有效的，所以我们必须承认，哭泣是有某些好处的。后来，宝宝开始学说话了，再往后，宝宝甚至还学会了打节拍。

你知道吗，其实你的宝宝很会利用自己的拳头或手指。有时，他会把自己的拳头或手指塞进嘴里忍受挫折。尖叫就像是从内心涌出来的一只拳头，没有人可以阻止，你可以把宝宝的手从他的嘴里拿开，但你不能让他的哭声憋回肚子里。你永远无法完全制止宝宝的哭泣，我也不希望你这样去尝试。但如果你的邻居不能忍受这种噪声，就不妙了，你需要顾及邻居的感受，采取措施让孩子停止哭叫，不过这可能就错失了一些研究机会，比如研究宝宝为什么哭，哪种哭是对宝宝有益的、哪种是有害的，等等。

医生说，新生儿响亮的哭声是健康和强壮的标志。是的，而且这个标志在接下来很长一段时间依然有效，甚至我们可以把它当作婴儿早期的体育锻炼，这种功能的锻炼，本身就是令人满意和愉悦的。但是，哭泣的意义远远不止于此，那么哭泣的其他含义又是什么呢？

痛苦的哭声非常容易识别，这源于天性，总是能让妈妈第一时间知道宝宝遇到了麻烦，需要自己的帮助。

当婴儿感到痛苦时，他的哭声会十分尖锐和刺耳，同时会伴有身体动作，显示问题出在哪里。例如，如果他得了肠绞痛，会抬起双腿；如果耳朵痛，会把手伸向疼痛的耳朵；如果是因为光线刺眼，他会转头避开。不过，有时候被突如其来的巨响吓到，他会表现出不知所措的样子。痛苦的哭声对婴儿来说并不愉快，别人也是这么认为的，所以哭声一响，身边人就像被唤醒了一样，必须做些什么来处理这个情况。

有一种痛苦叫饥饿。是的，即便是作为成年人的我，也会认为饥饿是一种不舒服的体验。不过，大人时常会忘记这一点，因为大人很少会因为饥饿感到痛苦。此时此刻，就在英国，我想很少会有人知道什么叫饿到肚子抽筋了。想想我们为了确保食物供应而做的一切，即使在战时也不会让大多数人忍饥挨饿。我们现在主要考虑的是吃什么的问题，而不是没得吃的问题。就算我们缺少某种食物，也不用一直想着它，因为还可以有很多替代品。但是，婴儿不同，他们太清楚饥饿的痛苦了。妈妈们都希望自己的宝宝食欲好，当宝宝听到准备食物的声音、看到准备食物的场景、闻到食物的气味时，都会兴奋不已。但因此而兴奋的宝宝其实就是在忍受饥饿的痛苦，然后通过哭泣表达。如果最后盼来的是一次满意的喂食，那么这种痛苦很快就会被遗忘。

痛苦的哭声是我们在宝宝出生后最常听到的。不久之后，我们还会注意到另外一种新的痛苦的哭声，那就是预感的哭声。我认为这意味着宝宝对外界有了一定的认知，他已经知道在哪些情况下他会感到不舒服，或感到痛苦。比如，当你给他脱衣服时，他知道自己将被带离舒适温暖的地方，他知道自己的身体会被这样或那样地挪动，这会让他丧失所有的安全感。所以当你一解开他的上衣扣子，他就会开始哭。他已经学会了将一些事情联系在一起，他有过经验，会从一件事情联想到其他事情。自然地，随着时间的推移，伴随他的成长，这一切都会变得越来越复杂。

如你所知，宝宝有时会因身体被弄脏而哭。这可能意味着宝宝不喜欢弄脏自己（当然，长时间脏着，他的皮肤会变得粗糙，甚至出现疼痛），但通常并不是这样——这意味着他已经能够预感到不安或不适。经验告诉他，接下来的几分钟里，他会失去所有的安全感，他的衣服可能会被解开、身体可能会被移动，不再有舒适的体感温度。

哭泣的根源是痛苦，这就是为什么在每种情况下，宝宝的哭声都听起来差不多——在他们的记忆中这是痛苦的，于是预感到这种痛苦会再次发生。在宝宝经历了一些强烈的痛苦后，当有可能发生任何让他再次陷入那些痛苦的事情时，他就会因恐惧而哭泣。当这种令人害怕的联想产生时，他就会再次哭泣，尽管有时候这只是宝宝想象出来的。

如果你刚开始思考这些问题，你一定会认为我把事情想复杂了。是的，那也在所难免。幸运的是，接下来要讨论的很简单，那就是导致宝宝哭泣的第三个原因——愤怒。

我们都知道失去耐心是种什么体验，我们也知道当愤怒值达到顶点时，我们会彻底失控。当然，你的宝宝也知道满怀愤怒是种什么体验。有时候，无论你怎么努力，都会让他感到失望，然后他就会愤怒地哭泣。不过，在我看来，宝宝愤怒的哭声可能意味着他对你还有一些信任，希望你能做出改变。这么说，是不是让你感到些许安慰呢？一个完全失去信任他人的能力的宝宝是不会感到愤怒的，他会停止任何期待，以一种悲惨、失望的方式哀嚎，或者用头猛击枕头、墙壁或地板，或其他各种能做的事情。

让宝宝充分了解他的愤怒并发泄出来是一种对健康有益的事情。你看，他在愤怒时，肯定会认识到自己的愤怒会伤害到别人。妈妈也会知道宝宝愤怒时是什么样子：尖叫、踢腿；再大一点时，还会站起来摇晃床栏；他会乱咬乱抓，也可能会吐口水、呕吐，把周围弄得一团糟。如果他真的下定决心，甚至可以屏住呼吸，把自己憋到脸色发青，然后大发雷霆。或许只有短短几分钟，但这种愤怒是惊天动地的，甚至不惜伤害自己。

妈妈自然会尽己所能让孩子摆脱这种状态。然而，如果一个宝宝在愤怒的状态下哭泣，并感觉自己好像摧毁了身边所有的人和事物，但他周围的人仍然保持平静，甚至完好无损，那么，这种经验会让他认识到，他所认为真实的事物未必就是真实的，幻想和事实虽然都很重要，但它们彼此之间又有所不同。不过，妈妈完全没有必要刻意激怒宝宝，原因很简单，无论你是否出于刻意，你的很多行为都会惹恼他。

有些人的处世原则就是控制自己的情绪，生怕小时候暴怒带来的后果会随时上演。由于种种原因，他们从未得到过真正的矫正，也许是因为他们的妈妈受到了过度的惊吓。其实，妈妈们通过冷静的处理，是可以把信心传递给宝宝的，但显然，妈妈们把事情搞砸了，她们的紧张行为仿佛就是在说：愤怒的宝宝真的太危险了。

尽管宝宝满怀愤怒，但他也是一个独立的个体，他知道自己想要什么，也知道如何才能得到，而且不打算轻易放弃。起初，他几乎不知道自己的喊叫是有杀伤力的，正如他不知道自己的混乱会带来麻烦一样。但是，几个月以后，他就能意识到自己的危险性了，他会感到自己是可以对他人造成伤害的，而且他也特别想伤害他人。凭借对痛苦的亲身经历，他迟早会知道其他人也是可以感受到痛苦和疲倦的。

其实妈妈可以从观察婴儿的过程中获得很多乐趣，比如你可以尽力寻找他第一次认识到可以伤害你且打算伤害你的迹象。

现在，我们来谈一谈哭泣原因中的第四个——悲伤。我知道我不必向你描述悲伤，就像我不必向一个对颜色感知正常的人描述颜色一样。然而，出于各种各样的原因，只提及悲伤却不打算详谈也不行。首先，婴儿的感觉是非常直接而强烈的，而我们成年人，尽管我们珍视婴儿时期的这些强烈感觉，并且喜欢在特定的时刻拿出来重温，但我们早已学会如何在情感中保护自己，免于遭受婴儿时期无法承受的情绪支配。

当然，我们无法避免失去深爱之人而遭受的痛苦打击，于是悲从心中来。但此时，我们一般懂得适可而止，在安静地度过一个哀悼期后，周围朋友也能够理解和宽容我们。而且，我们最终是可以从这种悲伤中恢复过来的，不会像婴儿那样，无休止地发泄自己的悲伤。

事实上，许多成年人为了有效地保护自己免受悲伤的痛苦，以至于不能认真对待任何事情。他们因为害怕真实的事物而无法感受到深刻的感情，他们因不想承担可能有的风险而无法明确地爱一个人或一件事，即便他们有能力分散风险，仍然会因为害怕失去而不敢冒险。所以，当成年人喜欢一部令人流泪的悲伤电影，至少表明他们还没有失去悲伤的能力。

当我谈到悲伤是婴儿哭泣的其中一个原因时，我必须提醒你，你绝不会轻易想起自己婴儿时期的悲伤，因此，你无法通过共情来感受自己宝宝的悲伤是怎样的。

即使是婴儿也有能力启动防御机制来抵御悲伤所带来的痛苦。但不管怎样，我要向你描述的婴儿悲伤的哭声是客观存在的，你肯定也听过。我希望能帮助你了解宝宝这种悲伤的哭声是如何而来的，以及它背后的意义和价值，这样当你以后听到它时，就知道该怎么做了。

在此，我向你提出建议，当你的宝宝表现出他在悲伤地哭泣时，你可以推断他一定已经经历了一段时间的情感发展。然而，就像我之前提到的愤怒一样，你刻意诱发宝宝因悲伤而哭泣的行为意义不大。你无法让他感到悲伤，就像你不必刻意让他感到愤怒一样。但是，愤怒和悲伤有一点不同——愤怒或多或少是挫败的直接反应，而悲伤则意味着婴儿心中发生了相当复杂的变化。关于这一点，我会试着慢慢描述。

关于悲伤的哭泣，我认为它里面是夹杂着一种音律的。这一点，想必你也会认同，甚至还有人把悲伤的哭泣当成一种富于美感的音乐。通过悲伤地哭泣，婴儿在某种程度上娱乐了自己，他可能会尝试开发各种音调的哭泣，直到睡意来临，淹没他的悲伤。当宝宝的年龄稍大一些，你甚至会发现，他是自己哼着悲伤的歌入眠的。而且，如你所知，悲伤地哭泣往往会伴随更多的泪水，而愤怒地哭泣则不会。如果哭泣里没有悲伤的成分，则意味着宝宝的眼睛和鼻子始终会保持干燥，不会痛哭流涕。因此，眼泪无论是对生理还是对心理，都是有益健康的存在。

也许我可以举一个例子来解释我所谈到的悲伤的价值。我们最好以一个十八个月大的孩子为例，因为相较于更早期的婴儿阶段，这个年龄阶段发生的事情较为明朗。有一个在四个月大时被人领养的小女孩，被领养之前，她曾有过不幸的经历，这让她特别依赖现在的养母。然而，她没有办法像那些幸运宝宝一样在心中构建起一个"好妈妈"的形象，她只能紧紧依附于领养她的母亲，而这位养母也确实无微不至地照顾着她，以至于她根本无法离开养母半步。在她七个月大时，养母曾经把她托付给一个可靠的人照顾了半天时间，结果这半天简直成了她的一场灾难。现在，孩子已经十八个月大了，养母决定休假两周，临行前，她跟孩子交代了这个情况，并承诺把她托付给一个可以信赖的熟人。结果，在这两周时间里，孩子一次次尝试打开她母亲卧室的门，因过于焦虑而无法玩耍，更无法接受母亲不在她身边的事实。她感到非常害怕，害怕到忘记了悲伤。可以说，这两周时间，对她来说非常漫长，仿佛整个世界都停止了。当母亲终于回来时，孩子稍微愣了一会儿，以确保她看到的是真实的，然后双手紧紧搂住母亲的脖子，开始悲伤地哭泣，好一会儿才恢复正常。

从旁观者的角度看，其实早在小女孩的母亲回来之前，她的悲伤就已经存在了。但从这个小女孩的角度看，在那之前她并没有感到悲伤，直到她终于可以在母亲面前尽情悲伤时，才开始把眼泪滴在母亲的脖子上。为什么会这样呢？我认为这个小女孩不得不面对一些让她感到恐惧的事情，也就是说，当她的养母离开她时，她对养母充满了憎恨和愤怒。我选择这个例子是因为孩子非常依赖她的养母，并且很难在其他人身上找到母爱。这让我们更容易看到孩子憎恨她的母亲是一件多么可怕的事，她一定要等到母亲回来才能正常发泄自己的情绪。

但是，当她的母亲回来时，她做了什么呢？她本可以走上前去咬母亲一口——想必大家都有过这样的经历，因此我一点也不会感到惊讶——但这个孩子却用手臂搂住了她母亲的脖子，抽泣起来。母亲该如何理解这一行为呢？如果化作语言（我很高兴她并没有这样做），她可能会说："我是你的好妈妈，而且是唯一的。你因为我的离开而憎恨我，因为你害怕失去我，现在又为憎恨我而感到抱歉。不仅如此，你觉得我离开是因为你做了什么坏事，或是因为你对我要求过多，或是因为我离开之前你就已经憎恨我了，所以你觉得你是我离开的唯一原因——你觉得我会永远离开。直到我回来，尽管你紧紧搂住我的脖子，然后意识到即使我已经和你在一起了，你仍然有想要驱逐我离开的想法。你很伤心，所以搂住了我的脖子，这说明你仍然觉得我的离开是你的错，尽管明明是我伤害了你。实际上，你甚至内疚到仿佛这个世界上所有的坏事都因你而起，而实际上，我的离开，你只占了一小部分原因。养孩子确实很麻烦，但任何母亲都做好了这种准备，所以她们一点也不会嫌麻烦。由于你特别依赖我，让我感到十分疲惫。不过，既然我选择领养了你，就不会怨恨和反悔……"

这位母亲本可能这么说，但谢天谢地，她总算没有这样做。事实上，她从来没有这么想过，此时此刻，她正沉浸在对小女儿的拥抱和安抚中呢。

为什么我要如此详细地讲述这个小女孩伤心哭泣的故事呢？我相信没有两个人会以相同的方式描述同一个孩子的悲伤，因此，我敢说我所描述的一些东西可能并不正确，但它也不至于完全是错的。我之所以这么说，是希望能向你展示由于悲伤而哭泣是非常复杂的，这意味着你的宝宝已经在这个世界上有了一席之地，他不再是随波逐流的漂流瓶，他已经开始对周围的环境承担责任；他不再只是对环境做出反应，而是可以主动出击了。问题在于，他一开始会感觉自己要对身边发生的所有事和生活中所有的外部因素负责。再给他一些时间，他会渐渐地分辨出哪些事情是他该负责的。

现在，让我们将由于悲伤而哭泣与其他种类的哭泣进行比较。可以看到，从孩子出生的那一刻，他的每一次哭泣、痛苦或饥饿都不会瞒过妈妈的眼睛。当婴儿能够把一些事情进行联想后，愤怒就会出现；而恐惧，则表明预期的痛苦，意味着宝宝已经形成了一些想法；悲伤所代表的意义远远大于其他强烈的感觉。如果妈妈们理解宝宝的悲伤背后有如此宝贵的东西，她们就能避免错过一些重要的事情。当孩子们学会说"谢谢你"和"我很抱歉"时，妈妈们会觉得十分欣慰，但这些话其实一早就包含在了婴儿的悲伤哭泣中，认识到这一点比阅读书本上的理论知识有价值得多。

你可能已经注意到，我描述的那个悲伤的小女孩，她紧紧搂着妈妈的脖子痛哭是一件多么合乎情理的事情啊。一个生气的宝宝，一旦与母亲达成和解，便不会再生气了。如果宝宝赖在妈妈的膝头不肯离开，那是因为他害怕妈妈离开，但妈妈想的则是"真希望他能离开"。然而，当宝宝伤心时，妈妈一定要尽可能抱着他，安抚他，因为他已经可以对自己的悲伤负责了，也学会了要与大人保持良好的关系。所以一个悲伤的宝宝实际上需要得到身体和情感的双面安抚，他不需要妈妈通过摇晃和挠痒等行为来转移他的注意力。可以说，他正处于一种哀伤的状态，而且需要一段恢复时间。你能做的，就是让他知道你还在继续爱着他，甚至最好让他自己躺着哭一会儿。请记住，婴儿或儿童能自己从悲伤和内疚感中恢复过来，这种感觉再好不过了。有时你甚至会发现你的孩子会故意犯错，以感到内疚，并开始哭泣，然后体会到被原谅的感觉——他是如此渴望重新捕捉到从悲伤中复原的美妙感觉。

现在，我已经描述了各种各样的哭泣，虽然还有很多很多的话要说。不过，我想你已经能从以上分类描述中得到一些启发。有一种哭泣我还没有描述，那就是因绝望而哭泣，这是一种当宝宝失去希望时发出的哭声。在家里，你可能永远不会听到这种哭声，如果你听到了，说明情况已经超出了你的控制，你急需他人的帮助，虽然我一再强调，没有人比妈妈更能照顾好宝宝了。在那些没有办法为每个宝宝提供一对一母爱的育儿机构里，我们经常能听到宝宝绝望和崩溃的哭声。所以，现在我只是为了分类的完整性才在此提到这种哭声。

事实上，当一个母亲愿意亲力亲为地照顾自己的孩子，就意味着这个孩子是幸运的。除非碰巧有什么突发事件打乱了你的日常管理，否则宝宝一定会自然而然地让你知道他什么时候该对你生气，什么时候该向你表达爱意，什么时候想摆脱你，什么时候感到焦虑或害怕，以及什么时候让你明白他正在悲伤难过。

第十章　一点一点认识世界

如果你聆听哲学讨论，有时会听到一些字眼，像是在讨论什么是真实的，什么是虚假的。有人说，真实是可以摸得着、看得到、听得清的东西；也有人说，感觉真实的东西才是真实的，比如噩梦，或者仇恨一个在公交车前插队的人。这些听起来就有些玄妙了，这跟照顾宝宝的妈妈有什么关系呢？在此，我希望我能解释得清楚。

照顾宝宝的妈妈们正在面对的是一种不断发展、变化的情况。宝宝从一开始对世界一无所知，而当妈妈完成任务时，宝宝已经成了一个了解世界、立足世界，甚至参与世界的人，这个变化多么巨大啊！

但是，你也会认识到一些人，他们似乎在与被我们称为现实的事物关系中出现了某种问题——他们感受不到真实的存在。对你我来说，某些事物在特定时候的感觉比其他时候更为真实。我们可能都做过这样一个梦，梦中的感觉比现实更真实。有些人就是这样，他们认为自己想象的世界比我们称之为现实的世界更加真实，以至于他们根本没有办法好好生活在真实的世界中。

现在，我来问一个问题，为什么一个身体健康的平凡人能同时感受到世界的真实和想象中的真实呢？你和我是怎样成为这样的人的呢？这样的人有一种很大的优势，即我们可以利用自身的想象力让现实世界变得更加美好，同时还可以用现实世界的一切来丰富想象中的世界。我们就是这样成长起来的吗？好吧，我想说的是，不，我们不是这样长大的，除非一开始我们就有一个能一点一点向我们介绍这个世界的母亲。

那么，当孩子们在两岁、三岁或四岁时，他们是什么样的呢？在如何看待世界的问题上，他们又该如何描述呢？毕竟，对于儿童来说，每一种感觉都是非常强烈的。作为成年人，我们只有在特殊时刻才能重温这种儿时才能拥有的美妙的强烈感觉，任何能帮助我们重温这种感觉而不使我们受到惊吓的事物都是受欢迎的。对于某些人来说，音乐或绘画能使他们拥有这种感觉；对于另外一些人来说，一场足球比赛能使他们拥有这种感觉；对于其他人来说，参加舞会前的精心打扮，或是女王经过时的一撇能使他们拥有这种感觉。那些既能脚踏实地在这个地球上生活，又能拥有这种强烈感觉的人是幸福的，哪怕这种感觉只出现在他的梦里和记忆深处。

对于小孩子来说，尤其是婴儿，生命只是一系列极其强烈的体验。你一定能注意到，打断孩子游戏会造成什么后果，其实你只要在孩子开始游戏前提醒一下，孩子到时间就会自动结束游戏，不会对你的干预表达丝毫愤怒。叔叔送给小侄子的玩具在他看来可能只是现实世界的一部分，但是，如果这个玩具是在正确的时间由合适的人以正确的方式送给他的，那么对孩子来说，它可能就是意义非凡的。

或许，我们到现在还能记得自己曾经拥有过的一个小玩具，以及它当时对我们的重要意义。如果它现在还放在壁炉架上，那么看上去一定相当无趣！两三岁的孩子是生活在现实与幻想两个世界中的，我们与孩子共享的这个世界是孩子自己在头脑中想象出来的世界，所以只有孩子能够强烈地感受它。当我们与这个年龄段的孩子打交道时，我们不能强求他对外部世界有多么精确的感知，这个阶段的孩子还不需要一直脚踏实地地生活在地球上。如果一个小女孩想飞翔，我们千万不要说："孩子是不会飞的。"而是需要试着把她抱起来，高高举过头顶，然后把她放在橱柜顶上，这样她就会感觉自己已经像鸟一样飞到了她的巢里。

很快，孩子就会发现，自己并不能完成飞翔这件神奇的事。可能在梦中，他才会体验到自己魔法般地漂浮的感觉，最不济也会梦到自己迈着像巨人一样的步子。像《七英里长的靴子》或《一千零一夜》中"魔毯"这样的童话故事，都是成年人将儿时渴望飞翔这一梦想在现实世界中的呈现。

大约十岁时，孩子开始练习跳远和跳高，拼尽全力超越他人，想要跳得更远、更高。除了梦以外，这些都与人们在三岁时自然而然产生的飞翔想法有关。

关键是，我们不用把现实世界强加给小孩，即使孩子已经长到五六岁大，因为如果一切顺利，那时，孩子已经自然而然地对成年人所谓的现实世界产生兴趣了。这个真实的世界可以为他提供的东西太多了，而且接受这个真实的世界，并不意味着失去了个人想象世界的真实性。

对于小孩子来说，内心世界既可以是外在的，也可以是内在的。因此，当我们通过玩孩子的游戏或以其他方式参与孩子的想象体验时，就成功进入了他的想象世界。

有一个三岁的小男孩，他很开心整天都可以一个人玩或与一群孩子玩，他也能够像成年人一样坐在桌子上吃饭。白天时，他可以很好地区分大人所说的现实世界，以及自己想象出来的世界。到了晚上他会睡觉，毫无疑问他会做一个梦。有时他会在梦中尖叫着醒来，母亲跳下床，走进房间，打开灯，准备把他抱在怀里。你以为他会高兴吗？相反，他会尖叫着说："走开，你这个老巫婆！我要我的妈妈。"这时，他的梦境已经蔓延到我们所说的现实世界。在接下来的二十分钟时间里，这个母亲能做的只有等待，因为对于孩子来说，她那时就是一个"老巫婆"。直到他突然搂住妈妈的脖子，紧紧地抱着她，就像刚刚才认出妈妈一样，然后他向妈妈讲述了一个"巫婆骑着扫把"的故事，但故事还没讲完，他就又睡着了。于是妈妈把孩子放回小床，重新回到自己的房间。

那么，再来看一个七岁的小女孩，她是一个可爱的小孩。有一天她告诉你，在新学校里，所有的孩子都跟她作对，老师也很可怕，总是点她的名，以她为反面典型，羞辱她。这时，你该怎么办？

当然，你可以选择去学校和老师谈谈。我并不是在说所有的老师都是完美的、可以沟通的，但至少能从老师的口中发现些什么，比如，孩子确实给老师带来了麻烦，让老师感到苦恼。

好吧，现在你对小孩子又有新的了解了吧。他们还无法确切地知道真实的世界是什么样子，作为成年人，我们应该允许他们头脑中保留一个想象的世界。或许，请老师喝一杯茶，聊聊这件事，事情就解决了。当然，可能不会太久，你会发现孩子又走向了另一个极端，即对老师产生极大的依恋，视老师为偶像，甚至会嫉妒老师偏爱其他孩子。但随着时间的推移，这种情况也会得到改善。

现在，如果我们观察幼儿园里的一些孩子，我们很难根据自己对老师的了解，来判断孩子们是否喜欢她。你可能认识这位老师，但不太欣赏她，或者她没有什么吸引力。她也是一个平凡人，当她的母亲生病时，甚至还会表现出自私的一面。不过，孩子对她的感觉并不是基于这种事情。孩子之所以依赖她、爱她，是因为她和蔼、可靠，很容易成为孩子快乐成长中不可或缺的人。

所有一切都源于母亲和婴儿之间早期的关系，这里存在一个特殊的条件。母亲和她的孩子共享着一个小小的、特殊的世界，这个世界必须足够小，这样孩子才不会感到困惑，然后再一点一点地扩大它，让孩子享受自己成长的步伐跟得上它的扩张速度。这是每一个妈妈重要的工作内容之一，当然妈妈总是能自然而然地做到这一点。

如果我们更仔细地观察这一点，会发现母亲做了两件有助于此的事情。一方面，她总是费尽心机地避免凑巧发生什么事，因为巧合总是会导致混乱。例如，在断奶时把宝宝交给别人照顾，或在患麻疹期间让宝宝改吃固体食物，等等。另一方面，她能够区分事实和幻想。这值得我们认真研究一下。

回到之前提到的那个小男孩身上。当男孩在夜里醒来，喊他的妈妈"巫婆"时，妈妈十分清楚自己不是巫婆，所以她会心甘情愿等孩子清醒过来。第二天，当孩子问她："妈妈，世上真的有巫婆吗？"她会轻松地回答："没有。"然后，她会找出一本故事书，为孩子讲一个关于巫婆的故事。

你用最好的食材为孩子准备了一份牛奶布丁，孩子拒绝了你，还做出一副"它好像有毒"的表情，但你不会因此感到不安，因为你非常清楚它没有毒。同时，你也知道，这只是孩子一时的想法。你会找到一个更好的解决办法，说不定几分钟后，布丁就会被他津津有味地吃掉。如果妈妈对自己没有信心，就很容易陷入焦虑，甚至强迫孩子吃布丁，以证明它没有毒。

类似以上各种，妈妈对事实与幻想的清晰认知都会让孩子受益，因为孩子就是这样一点一点地开始认识到世界并非他想象的那样，而想象也并非真实的世界。想象和真实，缺一不可。

你的宝宝第一次喜欢的物品，如一块毯子或一个软玩具，对于他来说，这几乎是他自我的一部分，如果被拿走或洗掉，孩子会大发脾气。当宝宝能自发地丢掉这些物品时（当然，他们还是会期望它们被捡起或被归还），那么，妈妈们就会知道，你的孩子到了允许你离开并接受你回来的阶段了。

现在我想回到起点，谈谈早期喂养的问题。你还记得我之前描述的妈妈是如何在宝宝准备用想象力构建某种东西时提供她的乳房（或奶瓶），然后在宝宝脑海中的这个想法消失时，妈妈也会让乳房（或奶瓶）消失的过程吗？现在，你看到了吧，这种做法为宝宝认识世界建立了一个良好的开端。

在九个月的时间里，母亲大约会进行一千次喂养，并且做许多其他事，而这些都以微妙的方式精准地适应了婴儿所需。对于幸运的婴儿来说，世界一开始就以这种方式编织进了他的想象中，因此他的内心世界会通过自身对外部世界的感知而变得更加丰富。

我们再来看看人们讨论的"真实"意味着什么。如果一个人在他还是婴儿时，他的母亲以良好的方式向他介绍了这个世界——就像我们上面所提到的那样——那么他将能够看到两种"真实"，并同时感受到两种真实的存在。而另外一个人，如果他的母亲在他还是个婴儿时就把所有事情都搞砸了，那么对于他来说，就只能看到一种"真实"：要么是真实的现实世界，要么是虚无缥缈的个人世界，并且他看到的世界总是一成不变的。这两种情况就先说到这里。

最终，我想说的是，很多事情都取决于妈妈是如何将世界呈现给婴儿和成长中的孩子的。一般来说，母亲可以开启并完成这项伟大的事业，但要慢慢地开展这项事业，让孩子一点一点地认识世界。这并不是要求妈妈们像哲学家一样智慧，妈妈们只需要依照天性，无比诚挚地爱着自己的宝宝，这样就够了。

第十一章　把婴儿当作独立的个体

我一直在思考这样一件事，就是怎样才能把婴儿当作一个独立个体进行描述。不难看出，当食物进入宝宝体内的那一刻，就开始进入消化过程，其中，一部分被提取，然后分布到身体各个部位，用于宝宝的生长，还有一部分储存为能量，剩下的则以某种方式排出体外。不过，这些都是从身体的角度来认识婴儿的。如果我们此时重新认识某个宝宝，不是观察他的身体，而是将他作为一个独立个体进行观察，就不难发现，喂养经验除了以上这种身体的经验，还存在一种富有想象力的经验。

基于这一点，我们不妨这样去思考：一个妈妈出于对婴儿的爱而做的所有事情都像食物一样进入宝宝体内。宝宝会从中构建一些东西，不仅如此，他还会在成长中的各个阶段使用你、丢弃你，就像食物的吸收过程一样。为了更好地解释我的意思，或许，我们可以让宝宝"突然"长大一些。

我们以一个十个月大的男孩为例。他正坐在妈妈的膝头，而他的妈妈正在和我对话。他看起来充满活力，而且对外界的一切事物充满兴趣。我并没有为了逗他而把东西搞乱，而是在我和他妈妈之间的桌角上，放了一个好玩的小物件。这样，我可以边同这位妈妈交谈，边观察孩子的动静。可以肯定的是，任何正常的婴儿，都会被眼前这个小物件吸引（比如那是一把勺子），而且还会伸手去够它。有很大可能，当他快要够到勺子时，他会矜持一下，好像在想："我最好先考虑清楚这件事——不知道妈妈会怎么看这个东西。我最好先别碰它了，等我搞清楚之后再说。"于是，他扭头转移视线，好像不再关心这个东西。然而，过了一会儿，他又重新对勺子产生了兴趣，这次他试探性地把一根手指放在勺子上。他也许会一边抓着它，一边看着妈妈的眼睛，想从中得到什么暗示。这时，我可能不得不出面告诉这位母亲该做些什么了，否则她可能会过多地干预，要么出手援助，要么出手妨碍。所以，我最后要求妈妈尽量以旁观者的角度看待正在发生的这件事，不要过多干涉。

宝宝逐渐从妈妈的眼神中发现，他正在做的这件事并没有遭到妈妈的反对，于是他更坚定地抓住了勺子，将其据为己有。不过，他并没有因此而放松警惕，因为他不知道如果接下来按照他想要的方式去处理这个东西会有什么后果，或者，他根本不确定自己到底想要拿它干些什么。

但是，过不了多久，他就会发现自己想用它做什么了，因为他的嘴巴率先兴奋起来。他仍然十分安静，好像在思考着什么，但口水已经从他的嘴角流了下来。他的舌头已经变得不安分了，嘴巴想要将那个勺子一口吞掉，牙龈也跃跃欲试地想要咬上一口。很快，他终于把勺子放进了嘴里。然后，他开始狼吞虎咽地吸吮着勺子，好像要把它吃掉。

毫无疑问，宝宝已经把这个东西据为己有了。他放弃了所有的思考和犹豫，不再感到奇怪和怀疑，相反，他开始充满信心，因为新的收获让他变得非常充实。可以说，他其实已经在自己的想象中将它吃掉了，就像食物进入身体并被消化，然后成为他的一部分一样，这个东西以一种富有想象力的方式成为他的一部分，而且，它还可以被使用，那么，宝宝要如何使用它呢？

答案显而易见，毕竟这是家里常常发生的事——他会把勺子伸向妈妈的嘴巴，假装喂她，并希望妈妈假装吃掉它。当然，他不是真的想让妈妈咬它，如果妈妈真的咬住了勺子，他反而会感到害怕。他只是在玩游戏，一个名为想象的游戏，而且他想要邀请别人跟他一起玩这个游戏。所以，接下来，他可能还会把勺子伸向我，开始假装喂我，让我也假装吃掉这个勺子。然后，他可能还会冲着房间里的每个人做手势，邀请大家都来参与这个游戏——他拥有了一个好东西，为什么别人不可以拥有呢？他终于可以慷慨一回，和其他人分享这个好东西了。

现在，他把勺子伸进妈妈的衣服里，放在她的乳房上，然后假装再次发现了它，将它取出。接着，他又把它塞到吸墨垫下面，享受着"失而复得"的喜悦。突然，他注意到桌子上还放着一个碗，于是他开始试着用勺子从碗里舀出食物，再假装吃掉。

这是一次非常丰富的体验，它对应着身体内部的一个神秘过程——消化——在食物被吞下后消失，在身体里成为残渣，通过粪便和尿液重现的过程。我有说不完的故事来举例不同的婴儿是如何通过这种游戏丰富自己的。

后来，宝宝终于丢弃了勺子。我猜他的兴趣开始转移到其他东西上了。于是，我捡起勺子，递给他。是的，他似乎是想要它的，因为他再次开始了之前的游戏，就像勺子本就是他自己的一部分。哦，他又丢掉了它！显然，这个举动并非偶然，也许他喜欢勺子落地的声音。让我们来看看再次把勺子递给他会发生什么——他拿起勺子故意丢掉它。现在，丢掉勺子成了他最想做的事情。我再次把勺子还给他，不出所料，他几乎再次拼尽全力扔掉了它。勺子的使命已经结束了，宝宝已经开始寻找其他兴趣，这段表演也就进入了尾声。

我们观察了宝宝对某件事物从产生兴趣，到据为己有地使用它，到最后抛弃它的过程。这种事情在家里会一直重复上演，但它现在发生在我的办公室里，在这种特殊的环境中，这一顺序变得更加明朗，这给宝宝提供了充分体验的机会。

那么，我们从对小男孩的观察中领悟到了什么呢？

首先，我们见证了一次完整的体验。由于处在可控环境中，事情经历了一次从开始，到中间，再到结尾的完整过程，经历这样一个完整的逻辑链对宝宝来说十分有益。当妈妈们总是匆匆忙忙，无暇顾及宝宝时，一定不会允许宝宝完整地经历以上情况，这时宝宝就会显得很可怜。然而，当你有足够的时间时——你也应该有这样的时间，来让宝宝体验整个过程。这样有利于宝宝认识到，任何一件事情有开头，就有结尾，宝宝们并不会生来就懂得这个道理。

你发现了吗，宝宝只有认识到了开始和结束的概念，中间的环节或好或坏，才能被充分享受或容忍。

允许你的宝宝经历完整的事件，并且你也参与其中，将逐渐为孩子奠定这样一个基础，即可以无拘无束地享受各种各样的经历。

我们还可以从观察宝宝与勺子的互动中获得另外的启发。我们发现，在开启一段新的冒险后，宝宝总会出现这样那样的疑虑和犹豫。他尝试伸出手去触摸勺子、使用勺子，但很快就会短暂地失去兴趣。通过细致地观察妈妈的反应，他会重新拾起兴趣。不过，在他真的把勺子放到嘴里吸吮之前，他还是会感到紧张和不确定。

在新的事件发生的初始，如果妈妈在现场，那么宝宝一定会征求她的意见。因此，妈妈需要弄清楚，哪些东西是宝宝可以接触的，哪些是不可以的。最简单的方法往往是最好的，就是不要把那些禁止宝宝接触或不能让宝宝放入口中的物品摆放在他周围。你看，宝宝一直在试图了解你的决策原则，以确定哪些行为是被允许的。用不了多久，你和宝宝就可以通过语言来进行这项内容了，比如你会说"那个太锋利了""太烫了"，或者以其他方式指出哪些东西是危险的。比如，你一定有办法让宝宝知道，当你洗手时把结婚戒指放在一边，并不是为了让他玩的。

你看到了吗？宝宝一开始并不清楚哪些东西可以摸，哪些东西不可以，他为此感到困惑。这时，妈妈完全可以帮助宝宝一起探索。很简单，你只需要自己明白什么东西是不能碰的，以及为什么不能碰。妈妈在现场，永远只是一个预防者，而不是纠正者。同时，你要明白宝宝喜欢玩什么，喜欢咀嚼什么，然后筛选出安全的东西给他。

还有一点值得一提。我们还可以从技能的角度来谈论所看到的东西，即宝宝学会了伸手寻找和抓取，还学会了把物品放到嘴里。如果这是一个六个月大的宝宝所能完成的，那么我会为此感到惊讶。然而，十四个月大的宝宝就不同了，那时他会有太多的兴趣，很难再像六个月或十个月大的宝宝那样，让我们能清楚、明朗地看到那一系列行为以及它背后的心理。

我认为通过观察宝宝，我们得出的最宝贵的结论是，宝宝不仅仅是一个小生命，还是一个独立的个体。他们会在各个年龄段开发出不同的技能，但这不仅仅是技能，更是游戏。通过游戏，我们可以知道，宝宝已经在自己的内心构建起了一些可以被称为游戏素材的东西，同时，那也是一个充满了想象力的内心世界。游戏正是宝宝找到的表达内心世界的一种方式。

没有人能说清楚婴儿这种富有想象力的生活是在什么时候开始的，这种想象力丰富了身体体验，同时，这种身体体验也会让宝宝的想象力变得更加多姿多彩。三个月大的宝宝可能想把手指放在妈妈的乳房上，边吃奶边玩自己的游戏。那更早些呢？谁知道呢？那么小的宝宝可能在吃奶的同时，还想着吮吸自己的拳头或手指，这表明除了满足饥饿需求外，小宝宝也有了其他层面的需求。

那么，我为什么要写这些呢？其实从一开始，妈妈们就不难在自己宝宝身上看到一个小小的"人"，但也有人会说，宝宝在六个月之前所做的所有行为不过是肉体和神经的条件反射。妈妈们才不会被这样的话影响到呢，不是吗？

请尽可能地享受发现宝宝关于"人性"的过程，因为宝宝需要这样一位母亲。因此，妈妈一定要耐心地应对宝宝的顽皮，要不急不躁，沉下心来静静地等待。最重要的是，这种顽皮恰恰表明宝宝内心已经有了个人生活。如果妈妈能与这种顽皮相呼应，宝宝内心丰富的情感就会被激发出来。因此，妈妈和宝宝一起玩耍将成为母婴关系中最美好的体验。

第十二章　断奶

读到现在，想必大家已经对我的写作风格有了一定的了解，所以不会期待我会在本章告诉你应该何时断奶和怎样断奶。断奶的方法何其多，你完全可以从健康顾问或诊所那里获得建议。而我想借大众的视角来谈论一下关于断奶的问题，以此来帮助你看清一些东西，无论你选择哪种方式断奶。

事实是，大多数妈妈不会在断奶的过程中遇到什么困难。这是为什么呢？

前提是，喂养工作进展得很顺利，宝宝确实有东西要断，但你总不能让人家断了根本不曾拥有过的东西吧。

我至今还清楚地记得我小时候发生的一件事——我突然被家人喂了很多很多的奶油和树莓。那真是一次美妙的体验。现在，让我印象深刻的仍然是那段美好的体验，而不是树莓本身。你也有类似的体验吗？

断奶的前提是拥有过良好的吃奶体验。一般九个月长的哺乳期，宝宝大约会经历一千次吃奶体验，这会给他留下很多美好的回忆。然而，问题的关键不在哺乳的次数，而在于宝宝和妈妈通过吃奶与喂奶而紧紧相连。母亲每次都能及时响应婴儿的呼求，而这对于婴儿来说，会让他产生"这个世界还不错"的美好想法。这个世界要率先张开双臂迎接婴儿，婴儿才会走出去拥抱世界。妈妈在一开始时与宝宝的主动合作，自然会引导宝宝与妈妈展开亲密合作。

如果你像我一样，相信宝宝从一开始就是一个有想法的人，那么喂养的时间对宝宝来说通常会成为糟糕的时间，因为这段时间打断了宝宝的睡眠或宁静的思考。来自本能的需求是那样凶猛和可怕，最初，它在宝宝眼里简直就是关乎生死的威胁。是的，饥饿感来袭时就像被饿狼附身了一样。

九个月后，宝宝对这件事已经习以为常，即使当本能的冲动占据主导地位时也能保持冷静。宝宝甚至已经意识到这些冲动是活着的个体的重要组成部分。

当我们观察宝宝是如何一点点长大成人时，宝宝也在时刻观察着妈妈，并慢慢将妈妈视为一个人，而且是一个极具魅力、十分有价值的人。饥饿因此而变得越发可怕，因为它让宝宝意识到自己残酷掠取的也是这位妈妈。这就是为什么宝宝时常会食欲不振，甚至有些宝宝始终无法接受乳房是母亲身体的一部分，想要强硬地将自己爱着的、美好而完整的母亲与被自己肆无忌惮掠取着的对象（乳房）分开。

我们不难发现，一对彼此相爱的成年人，在刚刚相处时会很难放开自己，甚至无法清晰地表达自己，这就会使他们产生诸多苦恼，导致婚姻不幸。在其他许多方面也是如此，一个人能够走上健康的轨道，基础正在于他/她有个平凡的好妈妈，且在妈妈的帮助下顺利度过了婴儿期。这样的妈妈不会因宝宝冲她歇斯底里而感到害怕，甚至还会因宝宝有了自己的想法而感到开心。

这下你能明白为什么母乳喂养无论是对妈妈还是对宝宝，都是一种更为丰富的体验了吧。当然，奶瓶喂养也可以做得很好，而且一旦使用奶瓶喂养就很容易坚持下去，因为对于宝宝来说，奶瓶喂养可能更容易接受。然而，从母乳喂养到成功断奶，可以为人类的成长打下良好基础，让人热爱梦想，敢于冒险。

俗话说，有始有终，一切美好的事物都要终结。

上一章中，我们描述了一个抓勺子玩的宝宝，他拿起勺子，含在嘴里，玩完以后又把它丢掉。既然如此，"终结"的概念在婴儿时期就已经存在了。

显然，当宝宝成长到七至九个月大时，已经开始玩丢东西的游戏了。这是一个非常重要的游戏，虽然有时也的确令人恼火，因为必须有个人反复把宝宝扔掉的东西捡起来还给他。有时当你从商店出来，走在大街上，会突然发现宝宝正随机将手里摸到的东西丢在人行道上，或许是一个泰迪熊玩偶，或许是两只手套，又或许是一个枕头、三个土豆和一块肥皂。幸运的话，你还会看到有人正拾起那些东西，而这正是宝宝想要看到的。

九个月的宝宝大多学会了扔东西，包括乳房，也就是说，他甚至会自行断奶。断奶真正利用的是宝宝扔东西的能力，这让断奶成了一种很容易接受的常规事件。

然而，我们仍然要探讨一个问题，即为什么要给宝宝断奶，为什么不让宝宝永远吃下去呢？好吧，我想，大概是永远不断奶有些太感情用事了，而且也不现实。必须由母亲率先提出断奶，她必须有勇敢而顽强的毅力去承受宝宝的愤怒以及随之而来的一切糟糕的想法，还要为喂养工作进行完美的收尾。毫无疑问，被成功喂养的宝宝总能在恰当的时候愉悦地接受断奶，尤其当他发现断奶之后，反而获得了更为丰富的体验。

一般来说，当断奶的时机到来时，妈妈其实已经逐渐地为宝宝引入一些辅食了，比如饼干、面包等需要咀嚼的食物，或者用肉汤或米糊等代替某一次的母乳喂养。你可能会发现，宝宝一开始会拒绝任何新食物，但只要耐心等待，再次尝试，宝宝就接受了。通常，断奶不能一次断彻底，当由于疾病或其他外力原因不得不一次性断奶的话，你会发现后续很麻烦。

如果妈妈知道断奶背后一系列复杂的反应，一定不会选择为了断奶而把宝宝交给别人照顾。如果为了断奶而搬家或去和亲戚居住，事情会变得更严重。断奶的时候，如果你能为宝宝营造一个稳定的环境，那么将十分有利于他的成长。如果做不到这一点，那么断奶意味着困难的开始。

另外，你会发现，白天断奶可能宝宝会表现得一切正常，可到了晚上却很难。这时，晚上的最后一餐不如继续选择母乳喂养。宝宝似乎每天都在成长，但其实这种成长并不总是持续的。当你的宝宝能表现得与他的实际年龄相符时，你会无比高兴。有时，他甚至会表现出超出其年龄的成熟，不过，他仍会时不时变成一个小宝宝，甚至变回一个小婴儿。这时，妈妈要做的就是去适应这些变化。

当你的孩子假装成"大孩子"的模样，勇敢地与敌人作战、向别人发号施令时，突然起身撞到了桌子上，他会重新变成一个宝宝，依偎在你的怀里大声哭泣。其实，妈妈对此早有准备，有时甚至很期待看自己十二个月大的宝宝变成六个月大的样子。时时刻刻清楚自己的孩子表现得像多大，是任何一个合格的母亲都应该做到的。

正如前面所说，你可以选择白天断奶，晚上继续母乳喂养，但迟早要完全断奶。作为妈妈，你一定要有一个合理的规划，这样宝宝断奶就不会很难，但如果连你自己都拿不定主意，那么断奶将变得举步维艰。

现在我来预料一下，当你下定决心为宝宝断奶时，会遇到怎样的情况。可能，正如我所说的那样，最好的情况是宝宝自行断奶。这样一来，你不会注意任何问题，唯一需要关注的是宝宝进食的热情是否有所下降。

很多时候，断奶是逐渐完成的，如果处于一个稳定的环境，更不易出岔子。宝宝总喜欢全新的体验——但我并不是在强调断奶的不良反应或严重的不良反应是什么不同寻常的事。平时表现良好的宝宝可能会降低食欲，痛苦地拒绝进食，或通过烦躁和哭泣表现出对断奶的反应。这时，如果一味强迫宝宝进食是有害的。从他的角度来看，断奶并不容易接受，这一点任何人都无法回避，你能做的只是安静地等待，等待宝宝慢慢恢复进食。

有时，有的宝宝甚至会从睡梦中惊醒，大声尖叫，这时，你只需让他从睡梦中清醒过来就好。事情也可能看似很顺利，但同时你也会发现，孩子变得更容易伤心和哭泣了，哭泣的声调似乎也发生了变化，就像音符一样。悲伤并不一定是坏事，千万不要认为，宝宝一悲伤就需要抱起来摇晃，直到他们破涕为笑。他们有理由悲伤，你只需耐心等待，悲伤自会消失。

有时，断奶的确会让宝宝感到悲伤，因为新的情况使他们愤怒——原本美好的东西变得不再美好。在宝宝的睡梦中，乳房成了可恨的东西，他们会认为那是坏的，是危险的。这就是为什么童话故事中会出现一个送毒苹果的邪恶女巫的形象了。对于刚断奶的宝宝来说，妈妈的乳房已经变得不再美好了，所以断奶绝不是一次性的任务，必须给孩子时间，让他们自我调整。然而，她扮演"坏妈妈"的时间可能仅限于二十四小时里的几分钟，她早已习惯了这一点，很快，她会再次变回宝宝眼中的好妈妈。最终，孩子长大了，真正了解了妈妈的面貌，这时，他会发现她的妈妈既不是理想中的妈妈，也不是邪恶的女巫形象。

所以，断奶有一个更为深远的意义——断奶不是让宝宝接受其他食物，也不是让他学会使用杯子，或用手吃饭，断奶包括让宝宝学会接受失望，这也是父母的任务之一。

任何平凡的父母最大的愿望并不是得到孩子的崇拜，他们之所以忍受被孩子理想化，或是被妖魔化，仅仅是希望有一天孩子能视他们为最平凡不过的普通人。

第十三章　进一步谈把婴儿当作独立的个体

人类从未停止过发展的脚步，无论是身体上的发展，还是人格上的完善，抑或是人际关系上的进步。任何一个阶段被遗漏或破坏，都会产生不良影响。

所谓健康，就是适龄的成熟，做符合年龄的事。如果健康单指忽略某些偶发的疾病，这也只是侵害了身体层面的健康。在心理学上，健康和成熟几乎意味着同一件事。换句话说，如果人们在情感发展中，没有受到任何阻碍或扭曲，那么他们就是健康的。

如果我的观点没错，那么这就意味着父母对孩子的照顾不仅仅是为了满足自己育儿的乐趣，让孩子感到快乐，也是绝对必要的。如果做不到这点，孩子就不容易成长为一个健康而有价值的人。

从身体层面的健康来讲，我们在养育孩子的过程中难免会犯错，最坏的情况就是让孩子患上佝偻病或 O 型腿。从心理层面讲，一个孩子若是被剥夺了某些看似平常却十分必要的东西（如亲密的身体接触），在某种程度上，一定会影响他在情感上的发展，导致他出现心理问题。反过来说，当孩子经历了一个又一个复杂的内部发展阶段，终于获得了人际交往的能力时，才能证明父母的辛苦养育没有白费。对所有人来说，这都是意义非凡的。作为一个成年人，我们之所以是健康而成熟的，得益于那个为我们的生命开端打下良好基础的人所付出的巨大贡献。这个良好的基础就是我下面要说的儿童养育基础。

一个人的人生并不是从三五岁或几个月大开始的，而是从呱呱坠地的那一刻开始的，甚至在那之前就已经开始了。每个婴儿本来就是一个独立的个体，是一个需要被了解的人，没有人能比妈妈更了解自己的宝宝了。

这个观点我们已经谈论了很多，那么接下来应该说点什么呢？心理学能教我们怎样做一个合格的爸爸妈妈吗？我认为不能。我认为，应该研究一下爸爸妈妈平时是怎么育儿的，并试着解释一下他们为什么这么做，从而让他们在未来的育儿道路上更加坚强。

接下来，我会举两个例子进行说明。

首先，是一位妈妈和她的小女孩的故事。一个母亲在抱她可爱的小女孩时，会怎么抱呢？是抓住宝宝的脚，把她从婴儿车中拖出，高高举起吗？她会一手夹着香烟，用另一只手抓住她的宝宝吗？不，绝对不会。我相信她在接近宝宝之前，一定会给宝宝发出一个信号。然后，她会把手放在宝宝周围，慢慢搂住宝宝，然后再把她抱起。事实上，在她抱起宝宝之前，就已经得到了宝宝的配合。接着，她会把宝宝从一个地方抱到另一个地方，比如从摇篮抱到自己怀里。她会温柔地将宝宝贴在自己身上，让宝宝的头依偎在自己的脖子或肩膀上。难道不正是妈妈做了这样的举动，才让宝宝意识到自己是一个人的吗？

这里还有一位母亲和她的小男孩的故事。这位妈妈平时是怎样给宝宝洗澡的呢？是放在电动洗衣机里，像洗衣服一样借助机械完成吗？当然不是。妈妈一定知道，洗澡的时间对她和婴儿来说意义不凡，她想要享受这个过程。她会精心准备一切：用手肘测量水温，时刻注意不让宝宝因打满了香皂而从她手中滑落。最重要的是，她让洗澡变成了一种值得享受的事情，而这丰富了母子二人彼此的关系。

妈妈为什么愿意如此大费周章呢？我们是不是可以将其归结为最原始、最朴素的那个原因，是因为"爱"吗？是因为她出自本能的母性吗？是因为她对婴儿有着深刻的理解而情愿无私奉献吗？

我们先暂时回到抱起婴儿的事情上来。是否可以说，妈妈其实并没有刻意去施展她的母爱，她只是按部就班地做了她所能做的事情？不管怎样，她是通过以下步骤，让她的小女儿心甘情愿被抱起来的：

（1）给婴儿一个信号；

（2）获得她的配合；

（3）慢慢搂住她；

（4）将她从一个地方抱到另一个地方，目的要简单，能让宝宝理解妈妈正在做的事。

另外，妈妈还需要避免用冰凉的手触摸宝宝，或者要避免在用别针固定尿布时扎伤他。

妈妈绝不会让宝宝参与她所有的个人经历和感受。有时她会因宝宝的持续尖叫，生出一种想杀人的感觉，但她依然会耐心地抱起宝宝，没有一点点报复心理，她会尽量避免让宝宝成为自己冲动的受害者。照顾婴儿，就像医生行医一样，是对人性的最佳考验。

总有那么一天，所有的倒霉事都赶到了一起：你的清单还没列好，洗衣工就来收衣服了；前门铃响了，同时后门进来了人。妈妈会等她恢复镇定后再抱起宝宝，用宝宝熟悉的那种特有的温柔。妈妈的温柔与其他人不同，这在宝宝看来是十分个人化的东西，因此，这也成为宝宝寻找和认出妈妈的标识，就像她的嘴巴，她的眼睛，她的肤色，和她的气味。妈妈会一遍又一遍地平复因处理私人事务产生的任何情绪，只为宝宝保留最温柔的那一面。婴儿正是在这样的前提下，开始建立与母亲之间那极为复杂而微妙的关系的。

为了迎合宝宝的各种需求，可以说，妈妈一直在摒弃一切成年人的习惯，用宝宝能理解的方式去做与宝宝相关的事。这种积极的调整正是宝宝在情感成长过程中所必须的东西，尤其是在一开始宝宝只能理解最简单的东西时，她就竭尽所能地在迎合他的需求了。

我认为有必要在此说明，为什么所有的妈妈都能无怨无悔地为宝宝劳心劳力呢？我之所以要强调这一点，是因为有些人竟然深信并教导妈妈说，在孩子出生的前六个月里，妈妈是无足轻重的。据他们所说，在这六个月的时间里，哺乳技巧才是最重要的，而无论是在医院还是家中，专业的护理人员都可以提供良好的技巧。

在我看来，育儿的技巧或许可以通过教导习得，甚至可以在书中找到，但妈妈照顾自己的宝宝完全是个人事务，没有人能取代妈妈，也没有人能比妈妈做得好。哪怕是科学家，在面对这个问题时，也要先找到证据进行论证。但妈妈们从来不用，自始至终，她们都坚信宝宝最需要的只有妈妈。请容我补充一句，我之所以得出这个结论，既不是从妈妈的陈述中总结出来的，也不是凭自己的直觉想象出来的，而是经过长期实践研究得出来的。

妈妈之所以不怕劳心劳力，是因为她意识到（我也认同这一点）人类幼崽要想得到健康充实的发展，就要自始至终得到母爱的庇佑，而且母爱最好来自亲生母亲，也就是那个能时时刻刻关心孩子，为孩子着想，乐于为他撑起整个世界的人。

这并不意味着几周大的婴儿也能像六个月或一岁的婴儿一样认识自己的妈妈。新生婴儿的最初几天，只能感知到母亲的养育模式和技巧，以及她乳头的细节、耳朵的形状、微笑的样子、一呼一吸间散发的温度和气味。一个婴儿可能很早就在某个特殊时刻对母亲的整体性有了一个模糊的感知。然而，除了感知，婴儿还需要母亲作为一个完整的人一直陪在他身边，因为只有当她是一个完整而成熟的人时，才具备养育婴儿所需的爱和品质。

我曾说过这样一个大胆的言论："世上没有所谓的婴儿。"我的意思是说，当我们去描述一个婴儿时，会发现我们所描述的是一个一直与某个人联系在一起的婴儿。婴儿根本无法单独存活于世，从本质上说，他是某种关系的一部分。

　　所以，妈妈必须考虑在内。如果一个妈妈与宝宝关系的连续性总是被打断，那么很可能会造成无法挽回的后果。我们对这种关系的理解还是太浅显了，总认为把宝宝从她身边带走几天，再把宝宝还给她，她和宝宝的关系完全可以像从前那样亲密无间，这显然是不对的。

　　下面，我将分类说明宝宝所需要的究竟是怎样一位妈妈。

　　首先，我想说，宝宝需要的妈妈必须是一个活生生的人。宝宝必须能感受到她皮肤和呼吸的温度，能看到她的模样，品尝到她的味道，这至关重要。宝宝接触到的必须是一个鲜活的身体，没有妈妈这个鲜活的身体的存在，再专业的育儿技巧也是徒劳的。这就像医生一样，乡村诊所中全科大夫的价值很大程度上在于他是活生生的，是可以随时待命的，人们知道他的车牌号，认得出他戴帽子的背影。固然，成为一名医生耗费了他多年的时间，甚至耗费了他父亲多年的积蓄，但医生的学识和技能在村民眼中并没有那么重要，重要的是他是活着的，是随叫随到的。医生的存在满足的是村民们的情感需求。医生是这样，妈妈也是这样，只不过更迫切。

　　这样一来，身体上的护理和心理上的护理就自然结合起来了。在第二次世界大战期间，我和一群人讨论过被战争摧残的欧洲儿童们的未来，他们要求我就战后儿童的心理干预问题提一些意见。我是这样回答的："给他们食物。"有人马上质疑："我们不是在说身体上的，而是在说心理上的。"但我仍然觉得，在饥饿的时候给予他们食物，就是在正确的时刻满足了他们的心理需求。从根本上讲，爱的表达就是生理层面的。

当然，如果生理护理意味着给婴儿接种疫苗，那的确跟心理学没什么关系。婴儿绝对不会因为你预防了天花在社区的蔓延而对你心存感激，他只知道你给他打针时弄痛了他，然后号啕大哭。但如果生理护理意味着在正确的时间（我的意思是，从婴儿的角度来看的话）为婴儿提供了正确类型和正确温度的食物，那么这也是心理护理。我认为这非常有用，只要是宝宝乐于接受的护理方式，不管这种护理方式是否属于生理层面，都是在满足宝宝的生理需求和心理需求。

这也就是说，来自妈妈的活力和照顾，都为宝宝的情感发展提供了一个必要的心理环境。

其次，宝宝需要一个能引领他认识世界的妈妈。宝宝是通过负责照顾他的妈妈或专业护理人员接触外部现实和周围世界的。尽管这件事最终会贯穿一生，但在生命初始，还是需要得到一些帮助的。我会详细解释这一点，因为许多妈妈从未站在这个角度考虑过育儿问题，更不要指望医护人员了。这就是我要表达的意思。

假设有一个刚出生不久，还从未有过吃奶体验的婴儿。当婴儿的饥饿来临时，他会开动大脑开始想象。当然，出于本能需求，他一定会在想象中创造出一个能满足自己需求的东西，但由于没有任何经验，他根本想象不出任何东西。如果此时母亲将她的乳房放在婴儿所需的地方，并且允许婴儿有充足的时间用嘴和手去感受它，甚至闻一闻它，这样，婴儿就能"创造"出他想象的东西了。最终他会产生这样的错觉，认为这个乳房正好是由需要、贪婪和原始冲动创造出来的东西。然后，他会通过视觉、嗅觉和味觉将它记录下来，一段时间后，婴儿就能凭借想象创造出类似于乳房的东西了。在断奶之前，一个女人，母亲，可能会为婴儿提供一千次这种介绍外部现实的机会。在这一千次的哺乳体验中，婴儿会一遍遍感觉到，自己想要的东西总是能被创造出来的，由此发展出一种信念，即这个世界总是能提供充足的东西来满足他的需求。所以，他希望在内部的现实和外部的现实之间架构起一种活生生的关系，这种关系也存在于原始的创造力与人类共享的广大世界之间。

成功的喂养是育儿教育的一个基本组成部分。同时，婴儿还需要母亲接受他的排泄方式，但我不准备在这里继续这一话题。宝宝需要妈妈接受他的排泄方式，并以此建立良好的亲密关系，这种关系在婴儿（也许在三、四或六个月大时）因贪婪地掠取妈妈而已经有意识地努力做出补偿时就已经全面展开了。

在此，我还想再加一点，这一点只是针对妈妈本人的，而不是针对一支优秀的护理团队的。宝宝需要妈妈来完成破除幻觉的工作。妈妈会给宝宝这样一个幻觉，即世界可以凭借想象按需创造出来（当然，这在某种意义上是不可能的，但这是哲学家需要考虑的问题）。当她为宝宝树立起一个这样的信念时，她也必须负责帮助宝宝经历一个幻觉破灭的过程，我们可以把这当作广义的"断奶"。对宝宝来说，现实是，大人们希望宝宝可以承受幻觉破灭带来的所有打击，然后以成熟的技能发展出真正对社会有所贡献的创造力。

《囚牢之影》（出自华兹华斯的诗作）在我看来，正是诗人对破除幻觉过程所带来的痛苦的描述。妈妈会一点一点让孩子认识到，尽管世界可以为我们提供某些所需，尽管这些所需也是可以被创造的，但它绝不是自己变出来的，也不会按照人们的心情和意愿随叫随到。

你是否注意到，"需求"的概念已经慢慢被我转向了"愿望"或"欲望"的概念？这种转变表明了一种成长——宝宝在成长过程中逐渐接受了外部现实，以及逐渐减弱了本能的需求。

妈妈为了照顾孩子，一度置自己于不顾，恨不得把宝宝装在自己的口袋里。但迟早有一天，宝宝会摆脱这种早期的依赖，让妈妈的想法和自己的想法共存。这也意味着，妈妈在一开始就应该成为宝宝的全世界，否则又何谈从孩子的世界抽离（断奶、打破幻觉）呢？

我并不是在说，不成功的母乳喂养会毁了婴儿的一生。除了母乳喂养，婴儿也完全可以在科学的奶瓶喂养下茁壮成长。比如，奶水不足的母亲，完全可以借助奶瓶喂养满足婴儿的一切所需。然而，我们的原则是，婴儿早期的情感发展只能通过与一个人建立良好的关系来实现，这是最理想的状态，而这个人就是他的母亲。想象一下，除了亲生母亲，还有谁能切身体会到宝宝所需并竭尽全力去满足他呢？

第十四章　婴儿与生俱来的道德

我们迟早要面临这样一个问题：父母是否应该将自己的行为标准和信仰强加给成长中的孩子？孩子应当全盘接受还是选择性接受？

一般来说，这就涉及"训练"的问题了。这个词确实让我联想到了我现在想探讨的事情，那就是如何让你的孩子更优秀、更顺从、爱干净、能正常社交、具备高尚品德等。我原本还想加上"快乐"，但是快乐这种东西是无法通过训练获得的。

"训练"这个词听起来像是在养狗。狗确实需要训练，我想我们也确实可以从狗身上学到一些东西。比如，如果你是一个条理清楚、有主见的主人，那么狗可能会过得比较开心。孩子也一样，如果他碰到的是有主见的父母，那么他的成长也一定比较顺利。问题是，狗不需要长大成人，所以这和照顾宝宝还是大有不同的。我们必须从零开始，最好从试着不用"训练"这个词开始。

有一种观点认为，像许多其他事情一样，是非善恶的观念终究会自然而然地进入每个孩子的脑海，只要环境允许。但从原始的冲动和掠取到学会控制、适应环境，再到遵守规则是一个复杂的过程。到底有多复杂，我无法准确地告诉你，只能说给它足够的时间，静观其变。当你觉得它值得一试时，才会创造条件促使它发生。

　　不要怀疑，我谈论的仍然是婴儿，但想找到一种适用于婴儿的语言来描述一个生命最初几个月发生的事谈何容易。为了降低理解的难度，我们依然试着举例说明。有一个五六岁的男孩，假设他十分清楚自己正在做什么（但实际上他并不清楚）：他正在画一幅画。怎么画呢？首先，他有涂鸦的冲动，但随手乱画可算不上一幅画。所以，除了保持追求乐趣的冲动，还要有表达想法，且以能被理解的方式表达想法的念头。

　　如果他真的完成了一幅画，那就意味着他找到了一系列令他满意的控制方法。比如，作画首先要有一张大小、形状都符合他要求的纸，然后，他要用自己通过练习得来的绘画技巧，如对称原则进行绘画，于是他知道房子两边要分别画上树。这显示出一种追求公平的愿望——可能是从他的父母那里学来的。画面中所有的事物看起来都要和谐，光影搭配也要和谐，同时再把铺开的事物以一个主题串联起来。

　　在这个已被接受的自我施加的控制系统内，小男孩试图将自己头脑中最初的想法表达出来，而且是尽可能忠实地还原出来。如你所见，仅仅是描述这样一个场景就已经让我喘不过气来了，但你只需要给孩子一点儿机会，他就能自然而然地完成它们。

　　不过，正如我之前所说的，一个五六岁的小孩可能并不清楚事情是怎么发生的，所以更不要指望他能用语言将这个过程表达出来了。更小的婴儿也是这样，他们根本不可能知道自己内心正在发生的事情。

婴儿与这个小男孩已经很像了，只不过婴儿的表达更加模糊。那幅画其实并不算完成，甚至算不上什么画作。但是，这已经是他在社会意义上能做出的最大贡献了，且只有孩子的妈妈能敏锐地捕捉到这一点，从而欣赏它。婴儿的一个微笑，一个笨拙的手势都是他的表达。有时，一个吸吮的声音代表他想要进食了；有时，一个类似呜咽的"吭吭"声代表他要排泄了。如果妈妈不能明察秋毫，没有及时赶到他身边，后果将不堪设想。

这就是最初的合作精神和社交意识，值得妈妈们为其的培养付出努力。有多少孩子在他们已经能半夜起床的年纪仍然会尿床呢？而且一尿就是好几年。这是因为孩子们往往会在夜间重温婴儿时期的经历，试图找到并纠正某些遗失的东西。那些遗失的东西往往正是妈妈对宝宝发出的信号的关注度。毕竟，妈妈只有对宝宝发出的信号足够敏感，才能及时做出正确的反应。

婴儿必须将他的身体体验与母亲的亲密关系联系起来，他也需要这种关系作为克服恐惧的依据。这些恐惧是最原始的恐惧，带有婴儿残酷的抱负心理。婴儿往往会因自己突发性的侵略或破坏性的冲动而变得异常兴奋，比如大声尖叫或咬人。这代表着他的世界似乎充满了咬人的嘴、带有敌意的牙齿和报复的爪子等。如果没有母亲的庇佑，或没有及时帮他消除恐惧，婴儿的世界将会是一个光怪陆离的世界——这就是一个婴儿早期的生活体验。

母亲（还有父亲）以人的面貌，改变了婴儿恐惧的本质。渐渐地，婴儿认识到了母亲和其他人是人类，所以，婴儿不再拥有魔幻的报复心理，而是获得了一个理解他、能对他的冲动作出反应、可以忍受他的伤害和愤怒的父母。那么，你一定能够明白，能否将原始报复人性化，对婴儿来说意义非凡。举个例子，妈妈总是能区分出宝宝是"故意为之"还是"无意为之"。当她被咬时，她会情不自禁地发出"哎哟"一声，但她并不会就此认为宝宝想要吃了它，或者为此感到不安。事实上，她觉得这是一个恭维，是宝宝在表达自己的兴奋。当然，她也不可能真的被宝宝吃掉，之所以发出"哎哟"一声，不过是感到了一点点疼痛。婴儿的确会咬人，尤其是早早长出牙齿的话。所幸妈妈们都挺了过来，这给了宝宝极大的安慰。妈妈们可以给宝宝一些硬硬的、咬不坏的东西，比如磨牙棒，让他可以使劲咬。要知道，对宝宝来说，能够全力去咬是一种天性的释放。

在生命的早期阶段，无论是良好的环境适应性，还是"好"的环境，都会成为一种自我品质，慢慢积累在婴儿的经验宝库中，它们与婴儿自身的健康功能融为一体。而当婴儿一次次地意识到失败时（环境的变化），那些存储的"好"的经验就成了一个与意识无关的过程。

有两种方式可以引导孩子认识行为道德的标准和信仰。第一种方式是父母强行植入，逼迫孩子们接受，也不打算将它们与孩子的个性发展结合起来。令人遗憾的是，很多孩子只能接受这种方式，这导致他们后期的发展并不乐观。第二种方式是倾向鼓励孩子道德的自然发展。母亲因为爱，总是能敏锐地捕捉到婴儿的信号，因此才为孩子树立个人道德意识奠定了根基。婴儿绝不肯浪费每一次体验的机会，并且他们十分愿意等待，等待人际关系中温暖东西的到来，哪怕为此承受一次次的挫败。我们也已经了解了妈妈们是如何以爱之名容忍婴儿的日常活动和暴力行为的，攻击和破坏，给予和分享，形成了关联，在相互抵消中重新整合。然而，强制性训练却无法利用孩子们的这个整合过程。

以上我所说的，实际上是要在孩子身上逐渐建立起一种责任感，而它的本质其实是一种罪疚感。这里的环境要素是母亲或母亲形象在孩子适应其自身构成部分的破坏性过程中的持续存在。这种破坏性在客体关系的经验中变得越来越明显，而这一阶段发展的时间大约会从孩子六个月大持续到两周岁前后。在此之后，孩子就能将破坏客体的想法与爱同一客体的事实融为一体。在此期间，母亲因为她的持续存在而变得有价值、被需要。她既是孩子的环境，也是孩子的客体，更是令孩子兴奋的、爱的对象。孩子开始逐渐整合母亲的这两个不同的属性，深情地爱着母亲的同时又对母亲充满攻击性，这使孩子陷入了一种特殊类型的焦虑，也就是罪疚感。婴儿也会慢慢接受本能经验中由破坏元素引起的焦虑（罪疚）感，因为他知道未来还有机会进行修复和重建。

在平衡这一关系的过程中，孩子就自然而然地建立起了是非感，这比任何父母强加的道德标准和社会规范都更可靠。因此，我们可以看到，随着对环境的可靠性丧失信心，孩子感知罪疚的能力也会消失，比如母亲由于生病，或因心烦意乱而不得不离开孩子时，他们就会对外界失去信心。

只要孩子愿意，他完全可以在自己的内心世界构建一个好母亲的形象，这个母亲会认为把每一种经验纳入人际关系的轨道都是一种幸福的成就。这时，母亲本身的敏感性就逐渐降低了，也不再那么紧张了。与此同时，她可以自然而然地丰富孩子的道德发展，不再需要强行植入了。

当"文明"在一个新的人类生命中萌芽，这个新生命在他漫长的岁月里就开始一点点铸造道德标准。这时，父母需要拿出一套清晰的道德准则来引导他。引导的作用之一，即让他原始的、残酷的道德观人性化，缓和他对"顺从"的抵制。因为在孩子看来，这种"顺从"是建立在扼杀个人的生活方式上的。

就像父母总是把平和看得很重要一样，顺从最直接的回报就是孩子变得听话、好管理了，因此，成年人总是把顺从当作成长。

第十五章　婴儿的本能与普遍问题

　　婴儿一旦生病，那么只言片语的谈话和书本理论就都行不通了，甚至还会造成误导。此时，妈妈更需要一位能帮孩子看病，并和她讨论病情的医生。不过，如果孩子遇到的只是大多数婴儿都会遇到的寻常问题就不同了。妈妈们不会天真地以为自己的孩子能在远离疾病的环境中无忧无虑地长大，所以，帮助妈妈们认识到这一点就显得十分重要了。

　　毫无疑问，任何健康的孩子都会出现各种状况。

　　是什么导致婴儿期的孩子出现各种状况的？如果妈妈的护理技巧娴熟，且发挥稳定，那么我敢说，这绝对已经为这个将来的社会成员的健康打下了完美的基础。可孩子们为什么还是会出现各种问题呢？我认为，这可以归结到人类的本能上，这就是我接下来要讲的问题。

　　假设你的孩子此时正安静地躺在床上睡觉，或抓着什么东西，或自己玩得正开心。任何妈妈都该知道，即便是在身体健康的状态下，孩子们的情绪也会反复无常。从生理方面想，他可以是饿了，身体有需求了，或者身体的本能让他变得情绪反常。另外，也可以从心理方面想，可能是孩子有了令人兴奋的想法。这些兴奋时刻在孩子的成长中至关重要，它可以促进孩子成长，也可以让成长变得极其复杂。

孩子大部分的冲动、兴奋，一般都能被妈妈满足。但也有例外，比如孩子的需求太大了，以至于妈妈无法满足。孩子还有一些兴奋和冲动并不常见，至少不像饥饿那么常见，因此不能被妈妈们很好地理解。

这时，也许孩子的这种兴奋来自身体上的某个部位，比如皮肤。当孩子们去抓自己的小脸，或其他部位的皮肤时，皮肤就会处于一个兴奋状态，然后出现皮疹。而且有的部位的皮肤较其他部位的皮肤更敏感，或者说在某些时候会变得更为敏感，这时，孩子就会一点一点探索身体的每个部位，用各种方式让自己兴奋，丝毫不肯遗漏。

这对婴儿来说十分重要，简直是他们在这一阶段的巅峰时刻。身体的兴奋会让婴儿的思维也兴奋起来，如果一个婴儿发育良好，这些令人兴奋的思维不但会让他快乐，更会让他懂得爱。关于这一点，相信你一定不会惊讶。正是因为这样，婴儿才会逐渐成长为一个有能力去爱，也能被爱的人。婴儿借此与父母以及周围的人产生紧密的关联，所以那些兴奋正是与这种爱有关，而这种爱也周期性地回报身体以异常强烈的兴奋感。

带有本能冲动的想法总是具有很强的破坏力的，而且总是以愤怒的形式表现出来。不过，如果通过发泄愤怒就能让婴儿感到本能的满足，那也不错。

当然，这些时期也总是伴随许多挫折，然后是生气、愤怒。所以，当你看到婴儿发怒时，不会再一味地以为他病了，你已经学会了辨别婴儿不同的哭泣，有愤怒、悲伤、恐惧和痛苦。婴儿在极度愤怒时，心跳往往比平时要紧凑，仔细听一听，你就知道了，每分钟竟然可以高达二百二十下。孩子的愤怒，意味着他已经发展到了另外一个阶段，到了可以因为某些事跟某些人生气的阶段。

当婴儿的情绪发展到极限，就意味着要承担某些风险了，无论是兴奋还是愤怒，过程都是令人痛苦的。所以，妈妈们不难发现，自己的孩子正竭力避免产生激烈的情感。他们是怎么做的呢？常见的就是抑制本能。比如，婴儿在接受哺乳时变得不再那么兴奋，或是婴儿只吃某些食物，拒绝其他食物，以及可以让别人代替妈妈喂养自己。

每个孩子总有一套自己的方法，不过这并不代表孩子病了，他们是在想方设法地管理自己那些令人难以忍受的情绪。由于那些感觉过于强烈，那种体验又太痛苦，所以他们不得不自然地减少一些感觉。

正常的孩子总会发生喂养困难的问题，这十分普遍，有的妈妈不得不忍受几个月，甚至几年。期间，妈妈会觉得自己好不容易练就的一身厨艺竟然无处施展，不过这时，妈妈最好还是任其自然发展，强行喂食只会换来更为猛烈的反抗。耐心等一等，没准过一段时间，孩子反而会自动恢复正常饮食。可以想象，妈妈在碰到这种情况时，因经验不足，会多么紧张焦虑。这时，医护人员就需要一再告诉她，不要担心，这不是在忽视孩子，也不是在伤害孩子。

除了进食，婴儿总是会周期性地表现出各种各样的兴奋，它们是自然而然发生的，而且对婴儿来说十分重要。比如，排泄过程对他们来说就是一件值得兴奋的事。等孩子们年龄稍大一点，生殖器官在某些时候也能让他们异常兴奋。

　　这里需要说一下，婴儿最开始对"好"与"坏"概念的认知与你并不相同。比如，在他看来，粪便能给他带来某种兴奋和快感，那么他就会认为这是好东西，甚至会认为是可以吃的东西，也可以抹到床上、墙上，甚至是自己的嘴上。在成年人看来，这几乎令人作呕。然而，由于它是自然而然发生的，所以妈妈并不会过于在意，她会耐心地等待有一天孩子自然地认识到这是不文明的行为。婴儿的厌恶感也迟早会出现。有时，就在一夜之间，那个啃肥皂、喝洗澡水的婴儿突然就不见了，变成了一个懂得拒绝那些看起来像排泄物的东西的乖孩子，尽管几天前，他还在玩自己的粪便，甚至把它塞进嘴里。

　　有时，一些较大的孩子会突然回到婴儿时期的状态，这时，妈妈就该知道孩子在成长的过程中遇到了某些障碍，需要回到他熟悉的婴儿时期，好重新行使他自己在婴儿时期的权利，重建自然发展的规律。

　　妈妈们总会观察到这些情况，并且，作为妈妈，她们也的确能在其中发挥一定的作用。不过，妈妈们更愿意孩子能自然稳定地发展，而不是把自己的是非观念强加给孩子。

　　试图把是非观念强加给孩子会带来一定的麻烦，比如当婴儿的本能出现时，会彻底摧毁其他人强加给他的是非观。无疑，婴儿曾努力顺从而获得的宠爱，往往会因一次兴奋的体验而彻底瓦解。结果就是，他在本能的作用下，会变得更加不安，而不是更加坚强。

　　正常的孩子不会过分压抑自己强烈的本能感受，因此也容易受到一些干扰，而这些对无知的观察者来说，无异于出了问题。我提到过愤怒这种情绪，两三岁大的孩子总是经常性地发脾气和反抗。小孩子也经常会做噩梦，睡梦中的尖叫声经常会吓到邻居们，但事实上，孩子可能只是做了一个跟性欲有关的梦。

婴幼儿并不是身体不舒服了才会害怕狗、医生和黑暗，或者对黄昏时出现的声音、阴影，以及一切模糊的形象胡思乱想；他们并不是只有在身体不舒服时才感觉腹部绞痛、呕吐，脸色发青；他们也不是因为生病了才在长达一两周的时间里拒绝和深爱的父亲进行交流，或拒绝跟阿姨打招呼；他们更不是因为生病了就想把刚出生的妹妹扔进垃圾桶，或者疯狂虐猫。

原本干干净净的孩子，一转眼就会变得浑身湿漉漉、脏兮兮。孩子在两岁到五岁的这一时间段里，几乎一切都有可能发生，而这都可以归因为本能的驱使，以及本能带来的巅峰体验，或者归因于孩子想象中的痛苦冲突，毕竟所有的身体反应都离不开心理作用。

在此，我要补充一点，在这个关键时期，本能已不再属于婴儿的特性了，在描述它们时，如果我们仍用"贪吃"和"随意拉尿"这样形容婴儿的词汇是不够的。当一个健康的三岁孩子对你说"我爱你"时，这与相爱的成年男女之间的爱意并无二致。事实上，它其实已经包含寻常意义上的"性"了，涉及身体的某些器官，或者陷入爱河中的青少年或成年人的性幻想。巨大的力量正在作用，而你要做的就是保持家庭和谐，做好万事皆有可能的心理准备。慢慢地，一切就都

迎刃而解了。当孩子长到五六岁时，一切就会趋于冷静，这
种冷静将一直持续到青春期。这几年时间，你会过得相对轻
松，并可以卸下一部分责任，将孩子交给学校和训练有素的
老师。

第十六章　婴儿与他人的关系

　　婴儿的情感发展从他生命之初就开始了。我们要想了解一个人如何与他人相处，如何构建自己的个性和生活，就不能忽略他生命中最初的那几年、几个月，甚至几周、几天里发生的事情。当我们处理成年人的问题，如与婚姻有关的问题时，会考虑许多衍生问题。然而，在研究任何一个个体时，我们不但要研究他的现在，还要研究他的过去。我们称为"性"的感觉和想象很早就出现了，比我们祖父母朴素的哲学观念中所认为适合出现的年龄要早得多。从某种意义上说，人类的所有关系从一开始就已经存在了。

　　当健康的小孩子假扮爸爸妈妈玩"过家家"的游戏时都会发生什么呢？首先，我们可以很肯定，这些游戏中已经出现了"性"，尽管它不是直观表达出来的。从我们的角度来看，这些孩子在玩耍时，享受的是他们觉得自己成了和父母一样的人。显然，他们对人与人之间的关系已经观察得很仔细了。在游戏中，他们建立起一个家，布置房间，共同照顾"孩子"。在这个基本框架中，孩子发挥了自己的主观能动性。要知道，这是绝对健康的做法，假如孩子们可以自发地玩耍，意味着家长以后不需要教他们如何建立一个家，在他们的潜意识里，已经了解了最基本的东西。反过来说，如果一个人从来没有玩过"过家家"的游戏，难道还指望在他长大后无师自通地学会如何建立一个家吗？我想，这可能不大行得通。

所以，如果孩子们能够享受这种游戏，就代表他们有能力认同自己的家庭和父母，具备成熟的眼光和责任感，我们应该为此感到高兴。但这并不意味着，我们想要看到孩子们一天到晚沉浸在这种游戏中，那也会令人担忧。我们希望已经会玩这个游戏的孩子，到了下午依然贪恋美食，到了睡觉时间依然会闹脾气，第二天早上又成了那个调皮捣蛋的孩子，因为他们终究还是个孩子。如果幸运的话，他们将来会有一个属于自己的真正的家。在那个真正的家里，他们可以继续发现自己的主观能动性和个性，像小说家一样放飞思想，然后灵感迸发，并为此感到惊讶。在游戏中假扮父母也并不影响他们在现实中继续依赖自己的父母，我们欢迎这种游戏的出现。除了假扮父母，他们还可以假扮教师和学生，医护人员和病人，公交车司机和乘客。

这些游戏中总是充斥着健康的影子。但是，当孩子们成长到这个阶段并开始玩游戏的时候，意味着他们已经经历了许多复杂的发展过程，当然，这些过程还没有真正完成。孩子们不只需要一个普通的好家庭来获得认同，更需要一个稳定的家庭和稳定的情感环境。只有这样，他们才能按照自己的节奏稳定发展。值得一提的是，父母没有必要去深究孩子的心里到底在想些什么，这就好比家长并不需要学习解剖学和生理学知识就能保证让孩子健康长大。重要的是，父母一定要有想象力，要认识到父母的爱不仅仅是其自身内在的一种本能，也是孩子绝对需要从他们那里获得的东西。

如果一位妈妈认为婴儿只不过是一个生理结构和条件反射的聚集体，那么即便她有着良好的出发点，也很难照顾好婴儿。我说的不是身体上的照顾，的确，婴儿可能会得到很好的喂养，从而身体健康，但如果妈妈在婴儿身上看不到人性的存在，那么孩子长大后将很难拥有一个丰富而稳定的性格。一个人只有身心都健康，才能适应这个世界，并成为这个苛刻的世界的一部分。

妈妈们总是觉得自己身兼重任，所以倾向请教教科书或育儿指南。事实上，妈妈们最该问的是自己的内心。应该说，育儿这件事不能光靠头脑，更要靠全身心的投入。

喂养过程只是宝宝认识妈妈的方式之一，却也是最重要的一种方式。一开始就得到精心喂养和悉心照料的孩子，本身就已经超出了我们之前提到过的那个哲学问题，即对他来说，客体是真实的还是虚假的，已经不重要了。他找到了一个愿意持续为他营造虚假幻觉的妈妈，从而使他大大拉近了现实与虚幻之间的距离。

这样的孩子一般在九个月大时就已经与自己的妈妈建立起了某种良好的关系，而那时，妈妈对他来说就是整个外部世界。这种关系日后往往能让孩子承受更多的挫折，包括与母亲分离的失落感。

相反，如果孩子遇到的是一个粗心大意的妈妈，只懂得机械式地给孩子喂奶，不去主动适应宝宝的需要，则十分不利于孩子的成长。这样的孩子只能靠想象塑造一个可靠的母亲，而这个母亲的形象必须是一个理想化的人物。

　　无法生活在婴儿世界中的妈妈其实不在少数，但婴儿却必须生活在妈妈的世界中。表面上看，这样的孩子可能发育得也不错，但等孩子到了青春期或更晚的时候，他会突然开始反抗，反抗的结果有两种：要么在反抗中精神崩溃，要么把反抗当成他回归平和的唯一渠道。

　　那些积极主动地适应宝宝的妈妈不仅为宝宝接触世界打下了一个良好的基础，而且还丰富了孩子与世界的关系。随着时间的推移，这种关系也越来越成熟稳定。在妈妈与宝宝的这种初始关系中，一个不可忽视的内容是强烈的本能驱动。经验告诉我们，本能的经验和兴奋的想法是可以存在的，它们不一定会破坏平静的关系，更不会妨碍宝宝与妈妈分享友谊。

　　我们不应该轻易下结论说每一个得到妈妈精心喂养和细心照料的婴儿必然会发展出完全健康的人格。即使早期具备了一段好的成长经历，随着时间的推移，也不能放松警惕，仍然要不断地巩固和强化这个好的经历。同样，我们也不应该随便说，每一个在机构中长大，或者是妈妈缺乏想象力和自信心的婴儿，注定要进精神病院或少年管教所。事情怎么可能这样简单？我不过是为了把问题说清楚而做了简单化处理。

　　出生环境良好、一开始就被妈妈当作独立个体来对待的孩子，不但身体健康，还往往较为友好、善良、顺从，一早就形成了一种个人的生活观。这样的孩子在早期喂养时，也会出现严重的进食困难，也曾反抗排泄，也会激烈地抗议，甚至大喊大叫、拳打脚踢，拉扯妈妈的头发，挖她们的眼睛。

这很让人讨厌，但他们也从不吝啬自己的亲切，他们会主动拥抱，十分慷慨，这对妈妈来说也是一种温柔的回报。

教科书似乎更喜欢乖巧、顺从、爱干净的孩子，但这些美德必须是孩子在成长过程中自然而然形成的，这意味着他们逐渐认同了家庭生活中父母的一面。

如今，我们经常谈到适应不良的孩子，但孩子之所以很难适应，是因为他在生命的早期阶段就没有被世界所适应。婴儿的顺从是一件非常可怕的事情，这意味着父母正在以沉重的代价购买便利，这个代价，父母终将无力偿还，最后转嫁给社会。

我想说一下母婴关系早期会出现的一个困难，这是未来每一位妈妈都可能遇到的问题。在宝宝出生后的几天，对妈妈来说，医生无疑是一个重要的人，他要负担母子两人的一切事务，因此妈妈总是对他充满信心。这时，没有什么事是比了解负责照顾她的医护人员更重要的了。然而，非常不幸，你可以要求医生治病救人、熟悉整套分娩流程，但你永远无法要求他指导你如何与婴儿建立情感纽带。医生需要学习的东西太多了，我们不可能指望他既能照顾母婴的生理健康，又能对母婴进行恰当的心理指导。

妈妈确实需要优秀的医生和护士的照顾，他们提供的理论依据总能打消她的疑虑。在这个前提下，她还需要发现自己的宝宝，并让宝宝也发现她。妈妈需要保证这件事自然而然地发生，而不是照搬书本。

妈妈永远不必为自己缺乏理论知识而感到羞愧，因为在育儿这一领域，只有妈妈才是专家，医生和护士只能提供一点点帮助。

目前，可观测到的普遍的文化趋势是，远离直接接触，远离临床实践，远离过去通俗的做法，也就是说，人们要远离赤裸裸的物理层面的直接接触和交流。还有另一种方式，即婴儿的情感生活形成了个体后期情感生活的基础。我已经谈到，本能驱动力从一开始就进入了母婴关系。这些强烈的本能伴随破坏性和攻击性，还有所有由挫败引起的怨恨和愤怒。攻击性成分又与兴奋的爱欲冲动相关联，这使婴儿的成长之路危险重重，而这也让大部分妈妈变得谨小慎微，所以更深入地探讨这部分问题或许是有益的。

总之，对婴儿来说，他需要一位能在他的无情攻击下存活下来的妈妈，他还需要妈妈的长期照顾。随着时间的推移，婴儿就会对妈妈产生一种罪疚感，然后全身心地爱着妈妈。婴儿迟早会发现，罪疚感也是修复和重建一段关系的主要根源。就这样，婴儿从妈妈那里体验到了一系列人性的基本经验，从毫无感情的本能的爱欲、攻击性、罪疚感再到修复、建立，这基本就是婴幼儿期情感体验的基本顺序。而这一切必须有妈妈的参与，才能将各个元素整合起来，否则一切都很难实现。

要想说清楚平凡而伟大的母亲为宝宝所做的事情，还有一种方式。一般来说，好的妈妈总是能轻而易举地帮助孩子分辨现实和想象，妈妈总是能非常客观地把孩子想象中的事实部分分拣出来。这一点对于宝宝的攻击性来说，非常重要。妈妈会保护自己不被宝宝咬伤，同时也会阻止两岁大的宝宝袭击自己的头部。她也注意到，再乖巧的孩子也具有惊人的破坏性，但她并不会为此感到恐慌。她知道，这都是迟早会出现的，所以当这些破坏性和攻击性的想法出现在孩子梦中，并把孩子惊醒时，她会非常淡定地找出与之相关的童话书，把孩子大脑中的东西延续下去。她不会阻止孩子的破坏性想法，也只有这样，宝宝的罪疚感才能自然而然地产生，这也是我们想要看到的。为此，我们可以心甘情愿地去等待，而不是过早地用自己的道德观念绑架孩子。

　　一个人从为人父母的那一刻起，就注定开始了一段自我牺牲的征程。任何一个平凡的母亲都不用别人特意告知，就能知道在这段时间里没有什么事情能打断她与宝宝之间的持续性关系。然而，母亲或许不知道，当她出于天性去做这一切时，她就是在为孩子的心理健康奠定基础。若没有她费尽心机地为孩子提供一切体验机会，孩子的心理健康也就无从谈起。

第二部分

Part two   Family

家　庭

第十七章　父亲的任务

在我工作的过程中，许多妈妈和我讨论过这个问题：孩子的爸爸在孩子的成长过程中应该扮演怎样的角色。我想，对每个人来说，这都再清楚不过了。通常情况下，爸爸能否了解自己的宝宝，取决于妈妈怎么安排。有很多原因使爸爸根本难以参与婴儿的养育任务。例如，宝宝醒着的时候他总是不在家。很多时候，即便爸爸在家，妈妈也总是发现爸爸不但派不上任何用场，还总是碍手碍脚，还不如叫他离开。所以，大多数情况是，在爸爸回家之前就让宝宝上床睡觉，这样一来，事情就变得简单了，就像在他回来之前，妈妈就已经洗完衣服、做好晚饭一样。不过，也有很多人总结出了一套自己的经验，如夫妻每天分享一点育儿经验，对夫妻关系大有裨益。尽管这些细小的经验对外人来说是那么愚蠢可笑，但对爸爸妈妈和宝宝来说却意义非凡。宝宝逐渐长大，开始蹒跚学步，等宝宝再大一点，爸爸妈妈的育儿经验就会越来越多，爸爸妈妈之间的感情也就会越来越深厚。

我知道，有的爸爸在最开始接触这个小生命时，总是显得畏首畏尾，甚至有些爸爸永远不会对宝宝产生兴趣。在这种情况下，妈妈可以让她们的丈夫帮忙做一些小事，比如在给宝宝洗澡时安排父亲旁观，如果他愿意，也可以随时参与进来。如我所说，这在很大程度上取决于妈妈的做法。我们无法肯定，让每个爸爸都尽早参与育儿的每个场景是否都是好事。人与人之间的差异很大，有的男人觉得自己比妻子更能成为好的"母亲"，这就有些麻烦了。特别是他们突然跳进来，表示自己可以做个有耐心的"妈妈"，结果只做了半小时，而这半小时就让他完全忽略了妈妈日复一日的辛苦付出。当然，也不排除有些爸爸真的比妈妈更能扮演好"妈妈"的角色，但他们仍取代不了妈妈。因此，我们必须找到一种方法来解决问题，而不是让妈妈退场。通常，妈妈十分清楚自己才是育儿的行家，但如果爸爸有强烈的意愿，也不妨让他们参与进来。

毫无疑问，真要论起来，婴儿最早认识的人一定是妈妈。妈妈身上总有一些特质能轻松被宝宝识别，比如温柔、慈爱。除此之外，妈妈也有很多严肃的特质，比如坚强、严厉。一旦宝宝认识到奶水并不是想吃就有时，他会更加觉得妈妈是弥足珍贵的存在。妈妈身上的某些次要特质也会慢慢在宝宝心中累积，导致宝宝开始向爸爸表达感情。一个强大的、被尊敬和爱戴的父亲，比起一个仅仅组合了规则条款、令行禁止、不妥协等特质的母亲要好得多。

所以当爸爸以父亲的身份进入孩子的生活时，他就已经接管了宝宝与妈妈的某些特质建立起来的感情，如此，妈妈也就得到了某种程度的解脱。

让我们来看看爸爸的价值还可以体现在哪些方面。

首先，爸爸的存在必须能让妈妈感到身心愉悦。孩子总能十分敏锐地捕捉到父母之间的关系，如果父母关系融洽，他会表现得更容易满足、更少生病、更好喂养，就像他在表达自己的感恩之心。我想，父母关系大概就是孩子们所理解的"社会安全感"。

父母的结合为孩子构建幻想提供了一个事实，一个他可以依靠和反抗的如岩石般坚硬的事实。而且，这一事实为解决父母、孩子这一三角关系问题提供了自然基础。

其次，爸爸需要在道义上无条件地支持妈妈，做她坚强的后盾，以威严的形象捍卫妈妈在生活中为孩子制定的规则和秩序。当然，爸爸不必始终在场，但必须时不时地出现，让孩子感觉到他是一个活生生的真实存在的人。孩子生活的事务大多由母亲承担，孩子也十分乐意看到即便爸爸不在家，妈妈依然能处理好所有事务。每个妈妈都需要让自己的言行变得有一定分量，但如果既要求妈妈拿出父亲的威严，又要求她摆出慈母的温柔，那么她身上的担子就太重了。

如果父母都能在孩子身边，事情就容易多了。父母中总要有一个充当好人，另一个充当恶人，这种平衡感十分重要。比如，我们总能看到这样的场景，当一个孩子想要踢打妈妈时，如果爸爸在身边支持妈妈，孩子就可能转而踢爸爸，或者谁也不踢。孩子会时不时地憎恨某个人，如果爸爸不在，他会感到十分困惑，因为他只能拿妈妈出气，而妈妈恰恰又是他最爱的人。

最后，爸爸积极向上的品质和他独有的活力，都让他有别于其他男人，而这些都是孩子所需要的，尤其在生命的早期阶段，当小男孩或小女孩开始去了解他们的父亲时，会留下十分鲜明的印象。但我不是要所有爸爸都把自己的个性特点强加给孩子。有的孩子在几个月大的时候就学会了寻找他们的爸爸，他们会倾听爸爸的脚步声，当爸爸走进房间时会伸手去抓他；而有的孩子则会远离爸爸，或通过长年累月地熟悉后才渐渐允许爸爸成为他生命中的重要人物。有的孩子总是特别想知道爸爸是个怎样的存在，而有的孩子则只把爸爸当成幻想中的人物，根本不打算去了解他。

虽然孩子的情况各有不同，但无论如何，只要父亲在那里，并且想了解自己的孩子，那么这个孩子就是幸运的。最幸福的情况是，父亲极大地丰富了孩子的世界。当父母都能轻松地接受孩子的存在，并负起责任时，一个良好家庭的基础就建立起来了。

我们几乎不可能描述出一个父亲是如何丰富孩子的生活的，因为方式方法太多了。孩子的理念和理想，至少有一部分是从父亲那里看到并得来的。当父亲逐渐向孩子透露自己为何早出晚归去工作，以及自己工作的内容和性质时，孩子就像发现了一个新世界。

在孩子们众多的游戏中，总有一个假扮爸爸妈妈的游戏。

就像他们观察到的，爸爸总是早出晚归去工作，妈妈则负责家务、照顾孩子。家务劳动就发生在孩子们身边，所以很容易了解，但爸爸的工作以及他工作之余的爱好，对孩子来说则相对陌生，这让孩子感到新奇，甚至能开阔孩子的眼界。

比如，孩子的父亲若是一个能工巧匠，将会十分幸福。当爸爸在家时，可以时不时向孩子炫耀一下他掌握的技能，与孩子分享如何制作物美价廉的东西。爸爸也可以偶尔参与孩子的游戏，爸爸的参与势必会给游戏带来新的有价值的元素。此外，爸爸对世界的广泛了解，使他能够看到哪些玩具可以在孩子玩耍时帮助他充分发挥想象力。不幸的是，有的爸爸在给孩子买了一个玩具后（比如一辆玩具汽车），反而怕孩子把玩具弄坏而不让孩子碰，这代表这位爸爸太过于投入孩子的游戏世界。

一个父亲始终能为孩子做的事情之一是保持活力，尤其是在孩子早年期间要一直保持活力。这看起来太过简单，时常被人们遗忘它的价值。对孩子而言，与父亲生活在一起，将他作为人来观察和了解他，并把他理想化是非常有价值的事情。

我知道有这样一对小男孩和小女孩，他们的童年虽然处于 20 世纪最为艰苦的 50 年代，但却度过了一个愉快的童年。他们当时和妈妈住在一个有着漂亮后花园的大房子里，家里生活所需应有尽有。唯一不足的是，他们的爸爸在军队服役。有时，两个孩子会在自己的家里进行"反社会活动"，几乎要把房子拆了。长大后，他们在回忆这段往事时，才意识到自己当时对周围环境的迫害其实是在召唤他们的爸爸回家。当时，他们的妈妈总是通过信件和他们的爸爸保持联络，然后在鼓励声中克服一切困难。但可想而知，这位妈妈多么想要获得爸爸的帮助，哪怕爸爸能做的仅仅是哄孩子们睡觉。

我这里还有一个更极端的例子。

有一个女孩，在她出生前，她的爸爸就离世了。这是她悲剧的起点：她的一生都只有一个理想化的父亲形象，而她对男人所有的看法都基于这个虚假的幻想。她从没有得到过真正的父爱，因此在她的生活中，她很容易把男人理想化。在恋爱初始，这可能有利于激发男人最好的一面，但迟早她会发现，男人并不是完美的，每当发生这种状况时，她都会陷入绝望，开始不断抱怨。可想而知，长此以往，这种模式就毁了她的生活。如果她的童年有爸爸的陪伴，她就会从现实的爸爸身上看到缺点，她会对此失望，然后自然而然地学着接受，那么她一定会比现在更容易收获幸福。

所有人都知道，父女之间总有一种特别的联系。实际上，每个小女孩都曾梦想过成为母亲，至少也做过类似浪漫的梦，妈妈们对此要予以理解。有的妈妈可能会很容易接受爸爸与儿子亲近，却难以接受爸爸和女儿变得亲密。然而，如果因为妈妈的嫉妒而干扰了父女之间亲密关系的自然发展，那可真是太遗憾了。小女孩迟早会体会到这种浪漫所带来的挫败感，她终会长大，并试图按照想象的方向寻找实际的东西。但如果夫妻关系和谐，那么孩子和爸爸之间的亲密关系对母亲来说就不会被当成一种竞争关系。如果孩子与他人存在兄弟关系，那就更好了，这就相当于有了一个过渡。

同理，男孩和爸爸之间的关系有时也会因为妈妈的存在而处于竞争状态，但如果爸爸和妈妈的关系和谐，就不需要担心了。彼此相爱的父母之间的关系是很难被干扰的，小男孩总是对此有着强烈的感觉，因此更应该小心对待。

听说有的爸爸从来没有完整陪伴带过孩子一天，甚至半天。我认为这是一件十分可怕的事。我想说的是，妈妈有责任时不时地鼓励爸爸独自带着女儿或儿子一起外出。这种行为应该得到所有人的高度赞赏，因为其中的一些经历将会被珍藏一生。当妈妈只希望丈夫与自己过二人世界时，那么她将很难让自己的小女儿与爸爸一起外出。当然，每个妈妈都应该有与爱人独自相处的机会，否则很容易积累怨气，从而影响夫妻感情。但偶尔让爸爸和孩子们一起出去，哪怕只和其中一个孩子出去，那么也有利于增加她作为母亲和妻子的价值。

总之，妈妈们很快会发现，为了让孩子们和爸爸加深了解而做出的努力一定是值得的。也许你没有能力使他们的关系变得更为丰富，但是，你一定有能力通过自己的努力，帮他们建立关系——无论是阻止这种关系，还是破坏这种关系，都由你决定。

第十八章　他人的标准和你的标准

我想每个人都是有理想、有标准的。每个试图建造家园的人都在自己的脑子里画好了蓝图，使用什么颜色，挑选什么风格的家具，餐桌如何摆放，等等。大多数人都有自己的意愿，比如喜欢的房子是怎样的，是住在城市还是乡村，想要去看什么类型的电影。

当你结婚时，你终于可以说："我终于可以按照自己的意愿去生活了。"

一个五岁的小女孩在学习新单词时，听到有人说"狗按照自己的意愿回家了"，所以她学会了"意愿"这个词。第二天，她说出了这样的话："今天是我的生日，所以一切都要按照我的意愿来。"

当你结婚时，你可能也会想，"我终于可以按照自己的意愿去生活了"，就像那个小女孩所说的。需要注意的是，你的意愿未必会比你的婆婆好，但因为那是你的意愿，所以与众不同。

假如你有了自己的房子，你会立刻按照自己喜欢的方式进行布置和装饰。当你挂上新的窗帘后，会请朋友来参观。重点是，你在周围的环境中与众不同地表达了自己，且对自己的行动力有感而发。显然，你的一生都在为此做准备。

要知道，在装修这件事上，夫妻很容易发生争吵，但如果你能躲过一些细节上的分歧，那就太幸运了。有趣的是，争论几乎总是从"这个好还是那个好"开始的，而实际的困扰其实就是个人意愿的冲突，就像那个小女孩说的。

假如你为了买一块地毯，三番两次地对比，为了它讨价还价，那么这个地毯对你来说一定是好的。碰巧你丈夫也选择了它，那从他的角度看，这个地毯也是好的。但是，两个人怎么能这么凑巧都选择了它呢？万幸的是，相爱的人，他们的"意愿"总是能惊人地重叠一段时间，所以至少在一段时间内，他们不会因这样或那样的分歧而发生争执。

过了这段时间，解决争执的办法是达成某种共识。或许这种共识并不用刻意去明说，仅仅是妻子按照自己的意愿管理家务，男人按照自己的意愿去工作。所以，众所周知，英国人的家是妻子的堡垒。事实上，男人也非常愿意看到女人负责家务，或者说与家庭紧密相连。不过可惜的是，不像妻子在家中能获得更多的独立性，男人在工作中几乎毫无独立性可言。男人很少会觉得自己离不开工作，这种情况出现在各行各业的从业者身上，包括工匠、商店老板等各类小人物。

要想谈论女性是否有过这种不想再做家庭主妇的想法，就要意识到这样一个问题，即女性除了自己的家庭，几乎再没有地方可以拥有自己的绝对权利了。只有在她的家里，她才能自由地展示自己，找到自己的全部价值。重要的是，结婚能让她拥有一个属于自己的房子，让她活动自如，不必与亲人挤在一起，也不必担心伤害自己的母亲了。

　　之所以说了这么多，其实我是想告诉大家，一个婴儿想按照自己的意愿去生活，该是多么难的一件事。如果让婴儿按照自己的意愿行事，那就等于把一切搞糟。也许没有人会同意这样的做法，因为它搞糟的是年轻的妈妈好不容易才获得的能按照自己意愿生活的一种状态。有些女性为此甚至会一辈子不要孩子，因为孩子显然会让她失去多年谋划和等待换来的属于自己的"势力范围"。这样一来，婚姻就失去了价值。

　　假设一位新婚妻子刚刚打理好她的新家，刚刚体会到按照自己的意愿去生活是什么滋味，且正为此感到骄傲时，她发现自己怀孕了，会怎样呢？我想，突如其来的宝宝并不会马上让她联想到她将失去自己的独立性，因为她可能根本来不及想这件事。新生命的到来，总是令人兴奋的，令人欢欣雀跃的。她可能正沉浸在这样一种幸福里：认为这个孩子会按照自己的计划来成长，他会在自己的势力范围内长大。她可能还会想到，孩子有可能从原生家庭继承某些家族特质。看起来一切正常，不是吗？但养育孩子远远不是那么简单的一件事。

　　一个新生命，几乎从他出生的那一刻起就已经有自己的想法了。龙生九子，各有不同。假如你生了十个孩子，你将很难从中找到两个一模一样的，同样，你在十个孩子眼里也是十个不同的妈妈。即便你只有一个孩子，那么在这一个孩子眼里，你也并不是始终如一的。有时，你是一个美丽而慈祥的妈妈，但当他做噩梦时你突然闯入，你就会变成一条恶龙、一个巫婆或其他什么可怕的东西。

　　问题是，每一个来到你家的小生命都带着他自己的世界观，以及掌控自己的小小意愿。因此，每一个孩子都对你精心构建和维护的秩序造成了威胁。我当然知道你有多么珍视自己的意愿，但在此我只能替你感到惋惜。

　　让我来看看，是否能帮上什么忙。我认为这些困难大多来源于这样一个事实，即你之所以喜欢某种东西，是因为你觉得它是最正确的、最合适的、最聪明的、最安全的、最快捷的、最经济的，等等。你这么想一定有你的理由，尤其是在涉及知识和技能方面，孩子根本无法跟你相提并论。其实，最主要的一点是，你喜欢并不是因为它是最好的，而是因为它出于你的意愿，所以，你才想要掌控一切。为什么不呢？这个家是你的，你正因此而结婚。此外，你掌握了所有的主动权，才会觉得安全。

　　是的，在你自己的房子里，你完全有权利要求家人按照你的标准来，比如你要决定摆放早餐的方式，决定饭前是否祷告，决定不说脏话。但所有这些权利的行使，仅仅因为这是你的房子、你的生活方式，而不是因为它们是最好的。当然，我们也不排除它们确实是最好的。

　　你的孩子很可能希望你知道自己想要什么，相信什么，他们也会从你所坚信的东西上受益，然后在此基础上或多或少地建立自己的标准。但与此同时，最重要的是，你不觉得孩子们也该有他自己的信仰和理想，也会有按照自己的意愿去行事的渴望吗？

　　孩子们不喜欢混乱和自私，更不喜欢一直混乱、一直自私。如果你过于关心建立自己的权利，而没有考虑到孩子也想要拥有一个只属于自己的小小世界，以及建立自己的道德标准的天性，那必然会对孩子造成伤害。为什么不自信一点，看一看在你的势力范围内，孩子能按照自己的意愿走多远呢？"今天是我的生日，所以一切都要按照我的意愿来。"小女孩的这个愿望并不会导致混乱，也不会搞砸一切。事实上，她所安排的这一天跟其他日子并没有多少不同，唯一的不同就是这一天是由女孩自己安排的，而不是由妈妈、保姆、老师安排的。

当然，妈妈习惯了从婴儿生命初始就安排好他的一切。那时，由于她不能按照婴儿的意愿随叫随到，就安排了固定的喂奶时间，这已经是最好的安排了。但这个做法成功地让婴儿打破了那个短暂的幻觉，即乳房并不是想要就有的。也就是说，乳房只有是妈妈提供的才是好的，而妈妈是独立于他之外的存在。对于婴儿来说，只是他想吃还不够，还要妈妈同意才行。让一个婴儿认识到这一点并不容易，但它却相当重要，至少可以让妈妈保护婴儿免于过早断奶或突然断奶而经历幻觉破灭。

起初，婴儿被认为是全家的重点。无论是饥饿还是身体不适，只要宝宝一哭，全家都得为此让路，直到他不再哭了为止。宝宝还可以由自己的意愿去行事，比如任意拉尿，搞糟一切。他已经适应了这一切，但如果有一天，妈妈因为邻居的提醒而开始对他展开"训练"，训练他达到妈妈的清洁标准，他反而会觉得奇怪。

宝宝如果放弃了他那难能可贵的自主性和冲动性，妈妈会认为这是好事。而事实上，过早地对宝宝进行严格训练反而会适得其反。如果宝宝在六个月大时就学会了讲究卫生，那么等他再大一点时反而会出现叛逆心理，到时将很难重新训练。不过，庆幸的是，他们很多时候会自己找寻一条出路，比如可能会始终坚持尿床。我很高兴见到这个现象，因为它说明孩子在用自己的方式坚守阵地，虽然他可能根本意识不到自己在做什么。

对妈妈来说，能坚守自己的道德标准，同时静下心来等待孩子发展自己的道德标准，将会得到丰厚的回报。允许孩子发展自己的支配权，这本身就是在帮助他成长。虽然你们会因此发生冲突，但因为这一过程是自然而然发生的，总比把你的想法强加给孩子要好得多。这很容易想明白，你自己也喜欢按照自己的意愿来。所以，你完全可以腾出房间的一个角落，哪怕只拿出一个柜子，按照孩子的意愿来装饰。每个孩子都有权在你的房子里拥有一块只属于他的地方，就像他每天都有权占有你的一段时间一样。

如果事情走向了另一个极端，也就是说，妈妈从始至终并没有强烈的意愿主导个人的生活方式时，那么孩子自然会主导一切，一切都按照自己的意愿来，那么，"意愿"本身也就没什么意义了。在这种情况下，没有人会感到幸福，包括孩子。

第十九章 怎样才算"正常儿童"

我们经常爱谈论问题儿童，并尝试将他们按照问题的类型进行分类描述。我们也谈论什么是正常的或健康的，但试图描述一个正常儿童似乎并不那么容易。我们很清楚什么样的身体才算正常的或健康的：身体正常即孩子的年龄与他的身体发展水平相匹配，且没有什么生理疾病。我们也谈论智力正常，知道那意味着什么。然而，一个身体健康，智力正常甚至超常的孩子，从完整人格方面来看，他依然有可能远远达不到正常水平。

我们还可以从行为方面将一个孩子与同龄孩子进行比较，但只因为他们的行为而给孩子贴上"不正常"的标签，又难免会心有疑虑。因为"正常"的标准千差万别，所以每个人的预期也不一样。比如，一个孩子饿哭了，那么，这个孩子几岁了？一岁的孩子因为饥饿而哭并不异常。一个孩子从母亲的包里拿了一分钱。那么，这个孩子几岁了？一般两岁的孩子的确会这么做。现在，再看看这样两个孩子，他们就像故意找碴儿挨打一样，但事实是，其中一个孩子的确在家里经常挨打，但另外一个孩子从未挨过打。还有的孩子三岁时仍然在吃母乳，这在英格兰是非常罕见的一件事，但在世界的某些地方却习以为常。因此，并不是仅仅比较两个孩子的行为，就能理解什么是所谓的正常了。

我们想知道的是孩子的个性是否正常地被养成，以及性格是否以健康的方式稳固下来。我的意思是说，一个智力正常的孩子，也许性格发展会停滞不前。如果这种停滞不前发生在某个节点，那么每当这个节点重现时，孩子就会返回原点，行为举止就像个婴幼儿一样。例如，一个人在受挫时，经常会变得讨厌或心脏病发作，那我们就可以说，这个人的行为举止就像一个孩子，而正常人往往会通过其他更为成熟的途径应对挫折。

我还是倾向从积极的方面来探讨孩子的正常发展。不过，我们必须达成一个共识，即婴儿的需求和感受往往是极其强烈的。我们必须把孩子看成一个独立的生命个体，一个带着强烈感觉的人类——尽管他刚开始与世界建立关系，这是至关重要的。人们采用各种方法试图重新捕捉他们在婴儿期和幼年期的感觉，因为那些感觉是如此强烈，如此有价值。

在这一前提下，我们可以把早期童年当成一种逐渐建立信任的过程，而人和事物的信任正是通过无数良好的体验逐步建立起来的。这里的"良好"意味着足够令人满意，因此可以说，人们的需求或冲动已经得到了正当的满足和证明。这些好的体验与坏的体验相较而言，"坏的"往往是愤怒、怨恨和怀疑时使用的词，这是不可避免的。每个人都必须在内心建立起一个构建或组织本能冲动的机制；每个人也都必须在分配给他的特定类型的世界中，发展出一种与这些冲动共存的个人生活方式，这并不容易。事实上，需要向人们指出的是，即使生活中充满了各种美好，婴儿和儿童的生活也不容易，没有泪水的生活是不存在的，除非他们放弃主观能动性，只懂得顺从。

生活本质上是困难的，没有任何婴幼儿可以逃避这样那样的困难，由此我们可以得出这样的结论：每个人都会发生状况，在某些条件下，各种状况都可能演变为疾病症状。即使是最和睦、最能互相体谅的家庭也不能改变这样一个事实，即普通人的发展是艰难的，而且实际上，自我适应程度越高的家庭，将越难得到充足的发展，因为你甚至连最基本的愤怒情绪都要学会克制。

因此，我们不得不接受这样的观点："正常"这个词有两种意思，一种是针对心理学家的，他们建立起一个标准，将所有不完美的事物都称为异常；另一种是对医生、父母和教师而言的，是方便他们描述这样一类孩子的，即这类孩子尽管存在明显的症状和问题，但他将来有可能成长为社会上令人满意的一员。

以我知道的一个早产男婴为例。在医生看来，早产本身就是不正常的。这个早产男婴出生后十天都不吃奶，所以他的母亲不得不把母乳挤出来放进奶瓶里喂他。这对早产儿来说是正常的，但对一个足月婴儿来说就不正常了。从他出生的那天起，他就已经慢慢吸食母乳了，虽然只能按照自己的节奏来。从一开始，这个婴儿就对母亲的要求极高，母亲也会很快发现，要想养好他，就只能跟随他、顺从他，让他决定什么时候开始、什么时候停止。在整个婴儿期，他可能会对每一样新鲜事物发出尖叫，让他接受新杯子、新浴缸、新的婴儿床，唯一方法就是引导他认识它们，然后静静等待他自己主动去接受。这在心理学家看来就不太正常，但是，因为他有一个愿意事事向他妥协的母亲，所以我们仍然可以称这个孩子为正常的。

发现生活困难的证据还表现在孩子突发的惊声尖叫方面，孩子一旦尖叫起来无以安抚，唯一能做的就是让他待在床上，在一旁耐心等着他恢复。在发作期间，他变得根本不认识母亲了，所以在恢复之前，母亲对他来说没有任何用处，当他开始恢复时，母亲才能再次成为他的依靠。后来，孩子被送到心理学家那里进行特别调查。但是，在母亲等待预约的时候，她竟发现她和孩子在没有任何帮助的情况下互相理解了。心理学家没有干预，而是让他们继续。尽管心理学家在孩子和母亲身上都看到了某些异常情况，但他最终还是判定他们为正常人，并让他们两个自然而然地解决问题，而这段经历后来成为他们最为宝贵的人生体验。

那么，怎样才算一个正常孩子呢？我可能会这样去定义：正常的孩子可以通过自然条件来抵御焦虑和无法忍受的情绪冲突。正常状态下，他所使用的方法与可获得的帮助类型有关。

而异常的孩子则表现在孩子应对症状的能力受到一定限制，而症状与预期的帮助方式之间缺乏关联。当然，我们必须考虑这样一个事实：对于一个新生儿来说，哪种帮助是可用的，他们根本无法做出判断，因此才需要母亲的密切适应。

以尿床为例，这是一个很常见的现象，所有与孩子打过交道的人都处理过这类问题。如果孩子是通过尿床来抗议严格管理的话，可以说，他是在维护个人权利，那么这种状况就不是一种疾病，相反，它成了一种标志，表明孩子在受到某种威胁的时候仍然希望保持个性。在绝大多数情况下，尿床是正常的，只要给予一定时间的良性管理，孩子将很快能摆脱这种症状，然后找到其他方法来坚持自我。

拒绝进食也是一种常见的现象。我想说，孩子拒绝进食也是绝对正常的一件事。即便你提供的食物没有问题，但孩子不会总这样认为。正因为孩子不会觉得所有食物都理所应当是好的，他才有可能对所有食物做出一个最终判断，即哪些是好的，哪些是不好的。在这个过程中，给予他充裕的时间和冷静的管理，孩子就能发展出我们所有人都有的喜好。

通常孩子所采用的各种手段，即为我们所谓的症状，在适当的情况下，一个正常的孩子总能表现出各种类型的症状。但是对于一个生病的孩子来说，问题不在于症状本身，而在于没有起到应有的作用，这对孩子和母亲来说，都成了一种困扰。

所以，尽管尿床、拒绝进食，以及各种其他症状可能看起来都像需要接受治疗的严重征兆，但其实大可不必。事实上，正常的孩子也可以显示出这样的症状，这是因为生活本就是难的，这对每个人来说都一样，从生下来就会遇到各式各样的难题。

那么，困难从何而来？首先，这涉及外部世界的现实与内心世界的现实之间的冲突，外部世界的现实可以被每个人共享，而内心世界的现实则只限于孩子的内心，充满了各种感受和想象。从出生开始，每个婴儿都不断地被介绍给外部世界。在早期的喂养经验中，观念与事实相对照，所想要的、所期望的、所思考的，都与所提供的相比较，与依赖于另一个人的意愿和愿望而存在的事物相对照。在人的一生中，所有的痛苦都离不开这一两难的境地。即使是最好的外部现实也总是令人失望的，因为它不是，也不可能完全符合自己的想象，即便它在某种程度上是可以被操纵的，但绝不受魔法的控制。那些养育小孩子的人，面临的主要任务之一就是尽可能地简化问题，来帮助他们顺利度过魔法幻灭的过程。婴儿时期的许多尖叫和脾气发作都是围绕着内部现实和外部现实之间的这场拉锯战展开的，而这场战争绝对是正常的。

这个幻灭过程也有一个特别之处，即能让孩子发现即时冲动的乐趣。然而，孩子要想长大，并和群体中的其他成员结合在一起，就不得不放弃大多数自发性的乐趣。然而，从来不曾拥有，也就没有什么可以被放弃的。对于母亲来说，确保每个婴儿体验到爱的感觉，再要求其学会放弃，该是多么困难的一件事！所以，在这种痛苦的习得中，发生一定的冲突和抗议就显得再正常不过了。

婴儿会发现，一种极具破坏性的想法往往会伴随兴奋一同而来。在喂养时，孩子会生出一种想要破坏一切美好事物的冲动，包括食物以及给他提供食物的人。随着婴儿逐渐认识到给他提供喂养的是一个人，而且是一个他一边依赖着，一边又残酷掠取着的人时，这个想法会把他吓坏。与此同时，他还会生出这样一种感觉：如果他破坏了一切，那就什么都没有了，那么当饥饿再次来临时，该怎么办呢？

那么我们应该怎么做呢？有时，孩子会突然变得不再想进食，想要以此获得心灵上的平静，但也因此会失去一些宝贵的东西，比如充实而满足的体验感。所以，一个症状就这样产生了——克制正常的饮食欲望，这也正是我们在正常孩子身上所期待发生的状况。如果妈妈们通过尝试各种方法来绕过这个症状，知道背后的原因后，她就不会陷入恐慌，并且还会拿出一定的时间静观其变，这对于育儿来说大有裨益。令人惊奇的是，大部分婴儿最终都能很好地渡过难关，因为他们的监护人十分负责，能始终如一地、理智地让婴儿遵从其天性，自然发展。

所有这些只涉及婴儿和母亲之间的关系。很快，孩子就会认识到自己还要面对与父亲的这一层关系，这将使问题更加复杂。你在孩子身上注意到的很多症状都与这一事实及其自然衍生出的复杂性有关。当然，这并不意味着我们就有理由把父亲排除在育儿任务之外了。显然，就算孩子身上的各种症状都与对父亲或嫉妒或爱的情感有关，也总比让孩子由于缺乏应付外在现实的经验而迎头直面困难要好得多。

新生儿的到来也会引起骚动，但这应当是值得欢迎的，而不是令人遗憾的。

最后，因为没有办法面面俱到，我只能说，孩子很快就会创造出一个只属于自己的内心世界了，在这个魔法统治的世界里，或输或赢的战斗将永远继续下去。通过孩子们的画作和游戏，你总能一窥他们内心世界的内容，这是必须认真对待的。由于这个内心世界对于孩子来说有着重要的位置，所以孩子的身体必然会受到影响。例如，各种各样的身体疼痛和身体不适将伴随他们内心世界的压力和紧张而来。为了控制内心的这些症状，孩子会感到疼痛，或者做出某些魔幻的手势，或者像着了魔一样手舞足蹈。我不希望你在处理孩子的这些看似"疯狂"的举动时，认为孩子生病了、出问题了。你要想，孩子的内心世界可能是被各种亦真亦假的人、动物、事件占据了。有时，这些存在于孩子想象中的人和动物会突然跳出来，这时你必须假装看得到他们，否则你就是在要求年幼的孩子变成大人，这只会给孩子造成更大的混乱。就算你不得不配合与孩子想象出来的玩伴一起玩耍，也不要感到惊讶，因为他们是真实存在于孩子的内心世界的，只是由于某种原因暂时游离在他人格以外的世界了。

　　至于生活为何总是困难这一话题，我并不准备继续讨论了，而是打算以一个友好的提示结束本章内容。那就是，一定要重视孩子的游戏能力。一个孩子在玩耍时，出现一两个症状是在所难免的，如果这不妨碍孩子继续独自或与他人一起享受玩耍，那么就不会有什么大问题。如果他能通过游戏开发想象力，并从外部世界的感知中获得愉悦的感觉，那么你就可以安心了，即便他还有尿床、口吃、发脾气，甚至抑郁等毛病，也不要紧。只要他还能享受玩耍，就表明这个孩子有能力在良好的、稳定的环境下养成自己的生活方式，并最终发展成一个完整的人，一个被需要并受到这个世界欢迎的人。

第二十章　独生子女

　　现在，我们来谈谈那些生活在平凡的良好家庭环境中的独生子女问题。首先，我们要考虑一下这个问题：一个孩子是独生子女还是非独生子女，这真的有什么不同吗？

　　如今，当我环顾四周，看到独生子女越来越多时，我意识到年轻父母只要一个孩子的理由一定越来越充分了。当然，在多数情况下，父母还是十分愿意拥有一个大家庭的，但总是事与愿违。不过，那些只有一个孩子的，往往是一早就计划好了的。假如你去问两个已婚的人为什么只计划生一个孩子，他们通常会这样回答："我们负担不起养那么多孩子的费用。"

　　毫无疑问，养孩子需要一笔不小的开销。我认为，忽视经济条件而盲目鼓励年轻夫妻多生孩子是非常不明智的一件事。我们都知道，越来越多的非婚生婴儿被年轻男女毫无责任感地遗弃，这使越来越多的年轻人不愿意再组建家庭。一定会有人站出来说，出现这一现象的主要原因是经济问题，那也无可厚非。不过，我倒认为，夫妻考虑最多的应该是组建家庭会让他们丧失太多自由。如果按照经济成本来算，养两个孩子的成本似乎比养一个孩子的成本高出一倍。同时，

我也忍不住会怀疑，养几个孩子难道真的比养一个孩子负担
更重吗？

我不是有意要把孩子称为负担，不过养孩子确实也是一
种负担。如果说养孩子能给人带来快乐，那么两个人已经从
心底承受这种负担了，如此一来，就不会再把孩子称为负担，
而是叫作"宝宝"。用一句流行的话来说，这叫"痛并快乐
着"。如果人们过多地在孩子是不是负担的问题上纠结，那么
恐怕就不会再有人生孩子了。妈妈们由于天性，会很享受这
个痛并快乐的过程，但也不能就此遗忘她们的辛勤哺育及无
私奉献。

毫无疑问，独生子女有一定的优势。由于父母能够将全
部精力放到唯一的孩子身上，他们可以更好地为孩子安排一
个无忧无虑的童年。也就是说，宝宝可以从与妈妈之间的最
简单的关系开始，按照自己的步伐逐渐增加难度，慢慢适应
与这个世界的所有关系。环境越简单，就越能给孩子带去稳
定感，这可以让宝宝受用终生。当然，我还必须提到一些其
他重要的事情，比如独生子女的父母可以毫无压力地给予孩
子最好的食物、衣物、教育等。

现在，让我们来谈谈养育独生子女的劣势。最为明显的
劣势是独生子女缺乏玩伴，缺乏因与兄弟姐妹相处而得来的
丰富体验。很多关于孩子的游戏是成年人无法接触到的，即
便他们理解了，也不能像孩子希望的那样长时间地投入其中。
事实上，如果成年人真的与孩子一起玩，那么游戏中那些随
性而来的疯狂之处就过于明显了。如果没有其他孩子做玩伴，
一个孩子在游戏中又会容易感到孤独，错过那些肆意的、任

性的冲动所带来的快乐。所以，独生子女总是容易过早成熟，并且经常喜欢与成年人谈心，还会帮助妈妈打理家务，或者学着爸爸的样子使用工具。在他们看来，玩游戏简直太傻了。然而，只有一起玩耍的孩子们才会萌生无限的创造力，而且这种创造力能持续很长时间。

但我认为还有更重要的一点，那就是让孩子体验到一个新生命加入自己的大家庭，这对他来说将是一个无与伦比的宝贵经历，怎么强调都不为过。这种经历在妈妈怀孕期间就体现出来了，比如发现自己再没有办法坐在妈妈的膝头，到慢慢理解这背后的原因，再到亲眼看着新生命降临以及妈妈恢复到正常状态。如果没有这段经历，孩子将错失很多。

虽然有很多孩子会认为迎接弟弟妹妹的经历太过强烈，以至于没有办法处理好内心的强烈感受和冲突，但我仍然认为，没有见过妈妈怀孕、用乳房哺乳婴儿、照顾婴儿的孩子，他们的内心世界一定不如经历过这些的孩子的内心世界丰富。这是千真万确的，因为小孩子总是像成年人一样渴望养育婴儿，但他们做不到，所以就用洋娃娃来满足这一愿望。如果他们的妈妈再次怀孕的话，他们就相当于找到了比洋娃娃更好的替代品。

独生子女尤其会缺乏的一种经验是萌生恨意，当新生儿明显威胁到自己与父母看似稳定和安全的关系时，孩子就会心生恨意。所以，孩子总是为新生儿的到来感到不安。他的第一反应通常不是很礼貌，比如对小宝宝进行人身攻击："他的脸丑得像个番茄。"新生儿出生时，孩子会直接表达他的厌恶，甚至是仇恨心理，对此，父母反而应该大松一口气。这种恨会逐渐转变为爱，因为新生儿很快会发展成为一个可以和他一起玩耍，并且令他引以为傲的小家伙。不过，这些孩子的第一反应也确实是吓人的，有的孩子甚至冲动到想要把宝宝扔进垃圾桶。我认为，对一个孩子来说，从一开始那种带着恨意希望小宝宝消失，再到逐渐爱上这个小小的弟弟妹妹，将成为一种非常有价值的经历。所有的孩子也会面临一个很大的挑战，就是怎么去合情合理地表达他的恨意。独生子女由于没有这种经历，将没有机会表达他出自本能的攻击性，这是一件十分严重的事。一起长大的孩子通过共同参与各种各样的游戏，与他们自己的攻击性达成和解。而且，他们也有机会发现，当真正伤害了自己所爱的人时，自己的心也会痛。

另外一点，新生儿的到来意味着父母关系和谐，二人依然相爱。我个人认为，新生儿的到来，也让孩子们确认了父母之间的关系，这对他们来说同样是一种宝贵的体验。对孩子们来说，至关重要的是他们始终能够感觉到父母之间的爱意，以及二人始终会携手维持家庭生活的和谐。

非独生子女相对于独生子女来说，还有一个优势，即在一个大家庭中，孩子们彼此有机会扮演各种不同的角色，所有这些都为他们日后融入更大的群体，甚至融入世界做好了准备。独生子女，尤其是连表兄弟姐妹都没有的孩子，随着年龄的增长，会发现自己很难结识其他异性朋友，独生子女十分渴望稳定的关系，但这往往会吓跑刚刚与他们熟悉的人。而在大家庭中长大的孩子则早已经习惯了与兄弟姐妹的朋友相见，到了谈恋爱的年龄，他们早已积攒了丰富的人际交往经验。

　　父母当然可以为独生子女做很多事，但他们也可能遭受很多损失。比如在战时送自己唯一的孩子去战场，这对于父母来说需要极大的勇气，尽管对于孩子来说，这是自己唯一该做的事。无论男女，都不应被剥夺冒险的自由，但独生子女却可能不得不放弃这么做，因为自己受伤无疑会伤害父母。这就需要我们考虑另外一个事实了，那就是父母把孩子带到世界上，并养育他们成人，同时也让自己变得充实而完整。

　　此外，随着孩子长大成人，很快就到了该赡养父母的时候。当有几个孩子共同照顾父母时，赡养的义务就得到了很好的分担。显然，独生子女可能会被赡养父母的义务压垮。也许父母早应该想到这一点，他们忘了，孩子很快就长大了，父母需要照顾孩子的时间只有几年，但孩子可能会赡养父母（并且可能愿意这样做）二十或者三十年，甚至更长时间，总之将是一个不确定的时间。如果多几个孩子照顾，那么无论是父母还是孩子都会更加轻松愉快。实际上，很多年轻人并不是考虑不到这一层，他们也想要更多的孩子，只是做不到，因为他们还肩负着赡养父母的任务，而且连一个可以分担的兄弟姐妹都没有。

　　相信你已经注意到了，当我在讨论独生子女的优劣问题时，是做了这样一个假设的，即孩子是一个平凡的、健康的、正常的个体，且有一个良好的家庭环境。如果考虑到异常的情况，要说的就更多了，面对特殊的问题就不得不特殊考虑。例如，父母有好几个孩子，其中一个发育迟缓，那么他们就会联想到其他孩子会不会因为自己特别照顾这个发育迟缓的孩子而受到伤害。

　　还有一种情况也很重要，那就是孩子的父母身心都有问题，比如有的父母容易抑郁，总是忧心忡忡；有的父母对外界充满了恐惧，认为外界对他们都充满了敌意。独生子女必须独自面对这些问题。曾有一个朋友这样对我说："一直以来，我总有一种奇怪的封闭感，这种封闭感或许来源于父母太多的爱，太多的关注，太多的占有欲。我一直被关在他们的世界里，而他们不仅把我看作世界的全部，也想要我把他们当成世界的全部。对我来说，这是一个独生子女最糟糕的体验。我的父母表面上看起来是明智的，他们在我还没学会走路时就送我去上学，还让我和邻居家的孩子们玩耍，但是这种奇怪的'封闭感'一到了家里就变得很强烈，好像家庭关系比任何关系都更重要。如果家里没有同龄人，所有这些都很容易让这个孩子产生骄傲心理。"

　　综上所述，你会看到在我摆出的事实中，似乎支持多子女的论据比支持独生子女的论据更多。然而，我认为最好只生一个或两个孩子，然后努力培养，这比生许多孩子却没有很好的体力和精力去养育他们要好。如果一个家庭只能生一个孩子，那么可以常常邀请朋友的孩子来家里玩，越早开始越好。两个小孩打一场架并不意味着他们不能再见面了。当父母实在不能为孩子找到好的玩伴时，可以养狗或其他宠物，或者送进托儿所和幼儿园。父母只要了解了独生子女的劣势，那么稍加用心，就完全可以将这些困难克服。

第二十一章　双胞胎

　　首先，我要为双胞胎正名，双胞胎完全是一种自然现象，根本没有什么值得感动或戏谑的。我知道很多备孕妈妈很羡慕生双胞胎的，我也知道很多双胞胎都非常喜欢他们双胞胎的身份。但如果被问到，几乎所有的母亲都说，她们不会再选择生双胞胎，而双胞胎，即使看起来对自己的命运相当满意，也会告诉我说，他们宁愿一个一个地来到这个世界。

　　双胞胎有双胞胎特定的问题需要解决，双胞胎有利也有弊。如果说我能帮什么忙的话，那就是提醒一下双胞胎可能会遇到的一两个问题，而不是告诉你该怎么做。

　　有两种不同类型的双胞胎，每一种类型又都将面临不同的问题。众所周知，每个婴儿都是从一个微小的细胞发展起来的，即受精卵。一旦卵子受精，它就开始生长，并且分裂为两个细胞。这两个细胞又分别裂变成两个，形成四个，然后四个变成八个，就这样继续下去，直到形成数百万个细胞，这些细胞彼此相关，组成一个新个体。有时，在受精卵发生第一次分裂后，这两个细胞中的每一个又会分裂，然后独立发展，这便是同卵双胞胎的开始：两个婴儿来自同一个受精卵。因此，同卵双胞胎总是同性别的，他们在外观上也非常相似，至少最初是这样。另一种双胞胎或许是同性别的，也或许不是，因为他们就像其他兄弟姐妹一样，来自恰好在同一时刻完成受精的两个卵子。在这种情况下，这两个受精卵并排在子宫中生长，这种双胞胎看起来不一定相像，就像其他兄弟姐妹一样。

不管哪一种双胞胎，我们很容易观察到两个孩子彼此有伴是件好事，至少他们永远不会感到孤独，尤其是当两个人变老时。然而，他们也面临特殊的问题，为了理解这一点，我们必须先来了解婴儿是如何发育的。一般情况下，婴儿通过良好的管理，会在出生后立即发展自己的个性、独特性，并认识到自己的重要性。我们都喜欢无私和事事周全的人，也希望能在我们的孩子中找到这些美德，但是，如果研究婴儿的情感发展历程，会发现没有原始的自私经历，他们就不可能发展出健康稳定的无私品质。可以说，如果没有这种原始的自私，孩子的无私会充满怨恨，然后造成混乱。无论如何，这种原始的自私不过是婴儿体验到的良好的养育罢了，一位好母亲愿意尽可能地满足宝宝的愿望，让宝宝的冲动有的放矢，并且愿意等待宝宝去慢慢学会替他人着想，那么前提是，这位母亲必须能给宝宝一种占有感，一种母亲为他所掌控的感觉，让他觉得母亲就是为他而生。所以，母亲的私人生活在一开始不应强加于婴儿。拥有这种原始自私经历的宝宝后来总能毫无怨言地变得无私。

通常情况下，当宝宝独自来到人世间，他们可能会花很长时间才了解到自己的妈妈也有权利照顾其他孩子。众所周知，每个孩子都会发现一个新生命的到来是一个复杂的问题，有时是一个相当严重的问题。

如果宝宝没能在一岁时体会到有其他宝宝陪伴的好处，妈妈也不必担忧，因为两岁的孩子也能扭打着长大。每个宝宝都需要一段时间接受自己兄弟姐妹的到来，当宝宝真正"允许"（即给予）他的母亲重新怀孕时，就是一个重要的契机。

而对于双胞胎来说，最大的问题是总需要应对另一个宝宝，这完全不同于宝宝是否愿意接受家庭新增成员的问题了。

这时，我们会再次看到一些错误的观点，即"一些小事情在婴儿早些月份里并不重要"的观点。事实上，双胞胎感觉到他们从一开始就独自拥有母亲是非常重要的。双胞胎的妈妈还有一个额外的任务，就是将自己的全部同时给予两个宝宝。但这在某种程度上来说，是不可能做到的。双胞胎的妈妈只能尽自己最大的努力，并希望孩子最终能找到优势，以弥补双胞胎先天的劣势。

一个母亲不可能同时满足两个婴儿的即时需求。例如，她无法选择先抱起哪个孩子，先喂养哪个，先给哪个换尿布，或是先给哪个洗澡。她只能尽己所能地接近公平，并且，如果她从一开始就认真对待公平这件事，那么她一定会得到回报。不过，这可并不容易。

妈妈们很快会发现真相，即她的目标不是要平等地对待每个孩子，而是要像对待唯一的孩子那样对待每个孩子。也就是说，她应从双胞胎出生的那一刻起就努力找出每个孩子之间的差异，她必须一眼识别双胞胎中的每一个，哪怕一开始她只能通过皮肤上的标记来识别。用不了多长时间，她就会发现两个孩子的气质是不同的，如果她在与每个宝宝相处时都能将他们中的每一个看作完整的个体，那么每个宝宝都会发展出个人特质。双胞胎的很多问题都来自这样一个事实，即人们总是看到双胞胎有多么相像，而忽略了他们彼此的不同。一方面是因为人们觉得这很好玩，另一方面是人们根本不想花时间去区分他们两个。我就认识这样一个环境良好的家庭，女主人从始至终都没有学会如何区分两个双胞胎女孩，而其他小朋友却能一眼分辨出哪个是姐姐，哪个是妹妹。两个女孩明明各自形成了鲜明的个性特征，但女主人却仍旧习惯称她们为"双胞胎"。

有人说，妈妈可以把两个孩子分开，一个由自己带，一个交给保姆照顾，这也不是解决问题的好办法。有时，你也确实有充分的理由要跟别人分担照顾孩子的工作，比如身体欠佳。但是，事情可能会更糟糕，因为迟早有一天，你交给别人照顾的那个孩子会非常嫉妒你留下的那个孩子，哪怕照顾另外那个孩子的人做得更好也无济于事。

双胞胎的妈妈都会认同这一点：当别人认错双胞胎时，他们往往会觉得有趣，但自己的妈妈则不行，他们需要妈妈能一眼识别自己。因为，不管在什么情况下，孩子都觉得自己不该被混淆，为此，他们在生活中必须有一个对他们了如指掌的人，且这个人必须是妈妈。

我认识的一位妈妈就有一对双胞胎。在外人看来，这对双胞胎长得几乎一样，但这位妈妈从一开始就能轻易将他们区别开来，因为两个人的性格完全不同。双胞胎诞生一周左右时，妈妈穿着红色的披肩给孩子哺乳，发现了两个孩子的不同。其中一个对红色披肩做出了反应，他总是凝视着披肩，而对进食失去了兴趣，或许他喜欢鲜艳的颜色；而另一个孩子则完全没有受到披肩的影响，依然能正常进食。从那以后，这位妈妈认识到两个孩子是两个完全不同的人，而且意识到他们已经不想要并行进退了。后来，这位妈妈总是会提前准备好食物，观察哪一个看起来更加渴望进食，然后先行喂养，这就解决了先喂养谁的问题。当然，我并不是说这种方法适用于所有情况。

毫无疑问，双胞胎养育过程中的复杂性主要在于把他们中的每一个当成独立个体来对待，只有这样，妈妈才能充分认识到每个孩子的完整性和统一性。即使两个双胞胎长得一模一样，也需要他们的妈妈与每一个孩子都保持完整的亲子关系。

之前我提到的那个妈妈曾告诉我说，她的办法是让两个宝宝分别睡在前后院。当然，你可能并没有两个院子，那么可以设法让两个宝宝分开，最起码一个在哭时，不会引得另外一个也哭起来。你一定会觉得两个宝宝同时哭十分可怜，但请不要忘记，宝宝是在通过哭控制全局。在生命初期，两个孩子一定都想获得主动权，这时，多出一个竞争对手一定会让他们觉得受到了威胁，而且恐怕这件事会影响他们的一生。

来自同一个受精卵的双胞胎被称为同卵双胞胎。这个词首先就暴露了某些事实。同卵意味着完全相同，那么两个孩子就是相同的，或者说两个人看起来就像一个人，这简直是荒谬的。他们的确是相似的，但并不是相同的，问题就在于人们总是会把他们当成完全相同的。正如我之前所说，这样做只会造成双胞胎对自己身份认同的混乱。除了双胞胎，其他孩子也会对自己的身份感到困惑，父母能做的就是给他们时间，让他们慢慢认识自己。如你所知，孩子在开口说话之后，并不会马上使用人称代词。也就是说，他们在学会说"我""你""我们"之前，先会说的是"妈妈""爸爸""狗狗"等。当双胞胎坐在婴儿车里时，很可能并不把另外一个当成一个独立的个体，而是把他当成自己，就像照镜子一样。但当其中一个被抱出婴儿车时，另一个会立刻感到失落，或感觉受到欺骗。

任何一个宝宝都有可能会遇到这种难题，但双胞胎一定会遇到。这时，他们最希望妈妈做的不过是尽自己所能，把他们看作两个人。接下来，一旦开始对自己的身份有信心，甚至爱上并利用这种只有双胞胎才有的相似性时，他们就会主动发起这种"人脸识别"的游戏。

最后一个问题，双胞胎会彼此喜欢吗？这个问题必须由双胞胎回答。有的人认为双胞胎一定深爱对方，根据我所了解的，这种观点有待商榷。他们的确喜欢彼此的陪伴，享受一起玩耍，讨厌被分开，但这并不足以说明他们两个人是彼此相爱的。甚至突然有一天，他们可能会发现彼此之间充满了深深的恨意，但最后又回归到彼此相爱。当然，这并不适用于所有情况，但是，当两个孩子不得不勉强相互接受时，他们大概是无法知道自己有选择时会做出怎样的选择了。在恨意表达出来之后，才有机会产生爱，所以，人们不应该想当然地认为双胞胎就必然愿意捆绑着度过一生。

　　他们可能愿意在一起，也可能不愿意在一起。他们可能会感激你，或者感激像麻疹这样的偶然因素把他们暂时分开。毕竟独自成长为一个完整的个体要比和他人一起成长容易得多。

第二十二章　为什么孩子天性爱玩？

孩子为什么天性爱玩？也许你觉得这是显而易见的问题，但也值得好好讨论一下。

一般人会说，孩子都喜欢玩，这是天性，的确如此。孩子们享受所有身体上的玩耍体验和情感上的互动体验。在这方面，家长大有可为，完全可以通过游戏来拓展这两种体验的范围。不过，家长也无需过多地干预，因为孩子们总能轻易找到可玩的东西来发明创造新游戏，他们喜欢这样做。

孩子们往往会在游戏中"发泄恨意和攻击性"，就好像把攻击性当成一种可以消除的坏东西。从某种程度上来说，这也没错，因为被压抑的怨恨和愤怒的体验总是会让孩子觉得自己的内心填满了坏东西。但更重要的是，要这样表达：孩子完全有权利认识到怨恨或攻击性冲动可以在一个已知的环境中表达出来，而这个环境绝不会因此而对孩子施加反击。一个好的环境，孩子会觉得，应该能容忍攻击性情绪的存在，只要它的表达可以被人所接受。如果不能被接受，孩子就会感到不够真诚。

攻击性也可以是令人愉悦的，但它不可避免地伴随对某人或真实或幻想的伤害，孩子们往往无法处理这个复杂的情况。从某种程度来说，玩耍正是在源头解决了这一问题，他们发现还可以在游戏中按照一定的准则表达攻击性，而不再仅仅依靠愤怒表达。另外，孩子们会将攻击性用于以建设性为目的的活动上，只不过这些事情无法速成，需要逐步实现。当孩子们因为游戏转而放弃通过愤怒表达攻击性情绪时，我们应该把它当成一种巨大的社会贡献来保护。没有人喜欢被怨恨或受到伤害，但我们也不能忽视愤怒与冲动正是自律形成的基础。

孩子们一般出于快乐而玩耍，这不难看出，我们却很难看出孩子们玩耍是为了掌控焦虑情绪，或掌控导致焦虑情绪的一些思想或冲动（如果他们无法控制的话）。

焦虑情绪一直贯穿孩子的游戏，而且往往是一个主要因素。过度焦虑会强迫孩子玩游戏，或者使他们重复同一个游戏，或使他们过分追逐游戏带来的快乐。但如果太过于焦虑，游戏就会变成一种纯粹的感官刺激。

这里无须再证明焦虑情绪是孩子玩耍的基本前提了，因为重要的是结果。如果孩子玩耍的目的是追求快乐，那么可以劝他放弃；如果他的玩耍是出于化解焦虑，那么盲目让孩子放弃玩耍则会引发新一轮的痛苦，甚至导致更严重的焦虑，比如梦游等。

孩子在玩耍中获得经验，而玩耍是他们生活的重要组成部分。对于成年人来说，内在和外在的体验都能让他们感到充实，但对于孩子来说，只有玩耍和幻想才能让他们觉得充实。成年人的个性来源于生活的经验总结，孩子们的个性则来自自己玩耍，或者与其他孩子、成年人共同玩耍。通过丰富自我，孩子们能够逐渐看到外部真实世界的丰富性。玩耍是创造力源源不断的基础，也是生命力的体现。

成年人如果认识到了玩耍对孩子的重要性，那么不妨参与进来，在教孩子玩传统游戏的同时，激发孩子们的创造力。

孩子起初总是一个人玩耍，或与母亲一起玩耍，并不会急着邀请其他孩子一起玩耍。不过，孩子正是通过游戏，让其他孩子参与预先设想的角色，才开始接受他人独立人格的存在。对于成年人来说，有的人总是很容易通过工作展开社交，有的人则一年到头窝在家里，还冥思苦想为什么没有人愿意与他们交往。孩子也是如此，通过玩游戏，他才能开展社交，或交友，或树敌。离开了玩耍，他们就很难交到朋友。

游戏、艺术熏陶和各种活动以各种不同但又十分相似的方式促成了个性的统一和整合。不难看出，游戏将个体与内在现实的关系和个体与外在现实的关系关联了起来。

从另一个角度来看这个高度复杂的问题，不难发现，在玩耍中，孩子把思想与身体功能联系起来了。那么，检查这种有意识或无意识的感官开发和幻想，并将其与真正的游戏相对比，将大有裨益。在真实的游戏中，当有意识和无意识的思想占据主导地位时，与之相关的身体活动要么处于待命状态，要么已被纳入游戏的情境中。

只有碰到这种情况，我们才能了解玩耍的健康成分，即玩耍将生活中的两大方面——身体功能和思想活力联系在了一起。当孩子努力维持人格的完整时，玩耍替代了感官享受。就像人们看到的，当焦虑到一定程度时，孩子就会被迫寻求感官刺激，这时，他们就没有办法再愉快地玩耍了。

　　如果一个孩子并没有很好地将内在世界与外部世界联系起来，也就是说，他的个性处于严重分裂的状态时，我们能更清楚地看到正常的玩耍（如记忆和讲述梦境）是怎样将他的个性整合起来的。像这样有严重性格分裂的孩子通常不能玩耍，或者说不能以常人理解的方式玩耍。

　　现在（写于1968年），我想再补充以下四点内容：

　　（1）玩耍本质上是富有创造性的活动。

　　（2）玩耍总是令人兴奋的，因为它处理的是主观和客观感知之间不稳定的边界问题。

　　（3）玩耍通常发生在母婴关系的潜在空间中。要了解这个潜在空间，务必要考虑这样一个变化，即当婴儿感觉与自己融为一体的母亲分离时。

　　（4）婴儿可以在这种没有与母亲分离的状态下体验分离，然后在这个潜在空间中发展游戏。这是有可能发生的，因为母亲竭力适应婴儿所需，完全推翻了之前婴儿与母亲融为一体的状态。换句话说，婴儿一旦开始玩耍，说明他已经有了信任妈妈的体验。

　　玩耍意味着"对自己诚实"。这种情况也可以在他很小的时候走向另一个极端，因为玩耍就像说话一样，是可以隐藏自己的真实想法的，当然，我们指的是更深层的想法。被压抑的无意识部分必须被隐藏，但是无意识的其余部分却是每个人都想要了解的东西，而玩耍像做梦一样，服务于婴儿的自我揭示。

　　在对小孩子进行的心理分析中，我们发现，小孩子往往想要通过玩游戏来代替成年人的言语沟通。三岁的孩子往往过于相信成年人的理解能力，但结果是心理分析师让孩子频频失望。这种失望对孩子来说是巨大的痛苦，对心理分析师来说也是巨大的打击，没有什么失败比这个更能激励他们寻找更深入的理解了。

等孩子再大一点，也就不再对此抱什么希望了。哪怕存在再大的误解，他们也不会感到震惊，甚至学会了欺骗。当他们发现教育在某种程度上就是在教人欺骗和妥协时，并不会为此感到惊讶。然而，所有的孩子（甚至一些成年人）都或多或少地保留着重新获得理解的能力。在游戏中，我们总可以找到通向无意识的入口，发现本能的诚实。但奇怪的是，这种品质在婴儿时期得以完全绽放，而随着时间的推移又会逐渐萎缩，变回一个含苞待放的花骨朵。

第二十三章　偷盗和撒谎

　　一般来说，养育过几个孩子的妈妈都会明白，每个孩子都会制造出一些问题，尤其是在他们两岁到四岁时。有的孩子会在半夜里大喊大叫，让邻居误以为他们受到了什么虐待；有的孩子不喜欢洗脸、洗澡；有的孩子太爱干净、过于顺从，妈妈又会误以为他缺少主观能动性；有的孩子爱歇斯底里，发作起来甚至会用脑袋撞墙，或者停止呼吸，直到憋得脸色发紫……总之，孩子们总是能把妈妈折磨到发疯。家家有本难念的经，这些情况每天都会在家中上演，然而，在众多不愉快的问题中，有一个特别棘手，那就是偷盗。

　　不知什么时候，小孩子开始翻妈妈的口袋、钱包，其实这也没什么大不了的，因为孩子最开始只是把里面的东西掏出来，散落一地。这时，妈妈往往不会生气，反而觉得孩子很可爱，有的妈妈甚至会准备两个钱包，一个不让孩子翻动，一个专门给孩子探索用。但很快，孩子就会厌倦这种探索，妈妈会把它当成孩子健康成长的标志，以及孩子与自己和他人建立关系的第一步。

　　不过，不幸的是，妈妈发现孩子开始偷偷拿自己的东西，然后藏起来，这就令人担心了。其实，这也很好理解，只不过是孩子向着另一个极端发展了——孩子学会偷东西了。没有什么比孩子学会偷窃更能让家长担心，因为这代表着家人失去了信任，不能在家里随意放置自己的私人物品了，尤其是财物。很多人一想到偷窃，就十分反感，甚至比"自慰"听起来更让人不安，因为这会让他们想起来小时候那些和自己的偷盗欲望进行过激烈斗争的不堪过往。偷窃就是这样让人感到不愉快，所以妈妈们往往会过度担心。其实，小孩子偷拿妈妈的东西，是一件再正常不过的事了。

试想一下，在一个没有"小偷"的平凡家庭中，其实常常发生偷盗行为，只不过它们不被称为"偷盗"。比如，孩子从碗橱里拿出一两个面包或一块方糖，在正常家庭中，没有人会把这个行为当成偷窃（但在幼儿园，这样的情况就会受到处罚，因为幼儿园有这样的规定）。那么，父母为何不在家中制定规则呢？比如，孩子在家中，除了某种特定的蛋糕和橱柜里的糖，其他东西可以随便拿。所谓家庭生活，就是像这样反反复复处理父母、子女在这些问题上的关系。

比如，有个孩子经常偷苹果，而且自己不吃，偷了就去送人。与其把它说成偷窃，不如说这是一种强迫症，是一种心理疾病。当然，你也可以把他当作"小偷"审问，但他根本说不出自己为什么要这么做。如果硬逼着他说出一个理由，那么他就又犯了另一个错误——撒谎。问题是，这个孩子究竟是哪里出了问题？其实，他不是在到处搜寻"赃物"，而是在寻找一个人，那就是自己的妈妈，只是他并没有意识到而已。对于这个"小偷"来说，无论是名牌笔还是邻居家的自行车，抑或是果园里的苹果，都无法满足他的需求，或者说他无法享受偷来的东西。偷窃对于他来说，只不过是把幻想变成了现实，而这个幻想来自他的本能冲动。可他能做的，不过是享受一下将幻想变为现实的过程，而事实上，他早已失去了与妈妈的联系。这并不是说他真的失去了妈妈，他的妈妈可能还在，也可能不在了，这没有关系，因为那个他在找寻的妈妈只是来自他的想象，那是一个能给他所需的全部爱的理想妈妈。对于孩子来说，他缺少了来自妈妈那里的某些东西，他或许很爱妈妈，但出于某种原因，他失去了那个理想的妈妈。所以，这个偷窃的小孩暂时回到了婴儿状态，他在寻找自己的妈妈，或者说在寻找那个允许他偷盗的人。小婴儿和一两岁的幼儿，总是可以任意拿妈妈的东西，只因为那是他们的妈妈。

妈妈也确实是属于他的，因为妈妈是因他才成为妈妈的。假设一个已经有了六个孩子的妈妈，有一天，又生了一个小宝宝，叫约翰尼。她一直尽心尽力地养育他，直到又生了一个。从约翰尼的角度来看，妈妈是他创造的，但妈妈通过主动地满足他的需求，让他明白了什么是真正的创造。

当他还没有"客观"的概念时，妈妈给他的东西必须是他想象出来的主观的东西。所以，在追踪偷盗行为的根源时，我们发现，小偷需要重新建立与外部世界的关系，但前提是他必须找到那个完全理解他、配合他，以他为中心的人。正是那个人给了他这种幻觉，即世上所有东西都是想象出来的，他没有理由不把想象出来的东西与外部世界共享，因为这个世界总会有那么一个全心全意为他奉献的人。

这么说到底有什么意义呢？意义在于，每一个健康宝宝都在心中塑造了一个主观的理想妈妈的形象，而客观世界的妈妈需要慢慢才能感知，这一过程就是打破幻觉的过程。任何一个普通妈妈都会阻止这一过程发生，直到她认为孩子可以承受并乐于接受这一过程。因此，我们不必让每个孩子都刻意地去经历幻想破灭的过程。

从妈妈的钱包里偷拿零钱的孩子就是在扮演饥饿宝宝的角色，他认为自己创造了妈妈，所以有权支配妈妈的东西，谁知道幻灭来得这么快——另一个新生儿的到来就能打破他的幻觉，哪怕他已经为此做足了准备。理想妈妈的幻灭让他忍不住发生强迫性偷盗行为，这就是为什么孩子突然对妈妈失去了占有欲，而去偷拿藏起来的东西。不过，这并没有带给他什么满足感。父母如果明白这种强迫性偷盗背后的隐情，就会变得更加理智，然后认识到自己的确忽略了这个可怜的孩子，于是抽出一定的时间来特别关注一下这个孩子，每周再给他一点点的零花钱。重要的是，父母不会再严厉地训斥孩子，也不会再逼他认错，他们清楚，这并不管用，甚至还能引发更恶劣的情况——撒谎。

这些都是每个平凡家庭常见的情况。在绝大多数情况下，事情都能得到合理的处置，而一时陷入偷窃习惯的孩子也能得到纠正。

问题在于，每个家庭对孩子的管理模式不尽相同。有的能理解背后的隐情，从而采取明智的措施，有的则认为必须强制更正孩子的毛病，以免长大后行为不端。先不说结果，家长若是对细节处理不当，孩子必然会遭受巨大的痛苦，而孩子在成长中遭受的痛苦已经够多了。除了偷窃，孩子还有很多因幻灭而发生的强迫行为，如随意拉尿、拒绝排便训练、乱揪花草等。

面对种种问题，很多父母一味地让孩子解释自己的行为，但这只能让本就混乱的孩子更加混乱。孩子怎么可能给出真正的原因呢？他根本不知道自己为什么要这么做。结果就是，孩子在父母的责备和误解下，终于认识到自己的错误，然后十分内疚，甚至分裂成多重人格，一半严于律己，一半偶尔为邪恶所困。然后，孩子终于停止了内疚，变成了人们口中所说的骗子。

当然，偷盗自行车所造成的恶劣影响，不会因为考量小偷是否在无意中寻找理想妈妈而有所减轻。这是两回事，我们当然也要考虑受害者的报复情绪。对犯罪儿童感情用事，只会适得其反，从而加剧社会对罪犯的敌对情绪。少年法庭的法官也不能因为小偷的心理不健康而对他的违法行为视若无睹，那样只能引发民愤。所以，当我们请求法官看在小偷心理不健康的份上对其从轻发落时，就已经是在给社会舆论施压了。

不过，许多孩子并不会因为他们的偷盗行为被送上法庭，因为家里还有很多善良仁慈的父母会想方设法解决这一问题。在妈妈看来，小孩偷拿东西的行为绝不是偷盗，在她眼里，不过是孩子表达爱的方式。当父母开始照顾四五岁的孩子以及正在经历强迫性偷盗行为的孩子时，那才是真的考验。我们应该竭尽所能地帮助父母去了解事情的前因后果，然后引导孩子适应客观世界，这也是我写下此篇的初衷。当然，为了让父母更易于理解，我已经刻意把问题简单化了。

第二十四章　第一次独立

　　心理学可能是肤浅简单的，也可能是晦涩难懂的。在对婴儿的早期活动以及用来安抚睡前婴儿或不安婴儿所使用的安抚用品进行研究时，我们发现了一个奇特的现象，即这些东西似乎就存在于肤浅与深奥之间，存在于对明显事实的简单考察和对复杂的无意识领域的深入探究之间。因此，我想在此提醒大家多多关注一下婴儿是如何使用常见物品的，然后我会让你们知道，通过这些简单的日常观察和事实，我们就能学到很多东西。

　　这些东西很简单，就比如孩子们人手一个的泰迪熊。每个照顾过孩子的人都能提供一些有趣的细节，就像其他行为模式一样，每个孩子发生的细节情况都不同。

　　几乎所有婴儿最初都会把拳头放到嘴里，然后形成一个固有模式，接着发展成选择某一根手指或两根手指来吸吮。同时，婴儿的另一只手会抚摸妈妈身体的某个部位，或者是床单、毯子、羊毛织物的一角，还有自己的头发。那么，从这种情况中可以看出两件事，一件事是将手或手指放在嘴里，这显然与进食的兴奋感有关；第二件事是远离兴奋，这件事更接近情感养成。在这种充满爱意的抚摸中，婴儿与恰好在周围的某个物体建立了联系，这个客体可能会在以后发展成对他十分重要的存在。从某种意义上说，这将成为婴儿的第一份财产，它是这世上婴儿的第一件私有物品，但又不像手指或嘴巴那样是婴儿的一部分。这是多么重要啊！它证明了婴儿开始与世界建立联系。

这些事物伴随安全感的初步形成——婴儿与某个人建立关系并得到发展。它们证明孩子的情感发展进展良好，也代表着婴儿对人际关系的记忆开始形成。我习惯将其称为过渡性客体的新建关系——当然，过渡的并不是物体本身，而是婴儿从与母亲合为一体的状态过渡到与母亲分离的外部独立状态。

虽然我想强调这些现象所代表的是健康，但我也不想给人以刻板印象，让那些没有遇到这一现象的婴儿的妈妈认为孩子有问题。有的婴儿只需要母亲本人，有的则需要找到一个有着妈妈身影的过渡性客体对象。婴儿通常会特别依恋某个物品，还会给这个物品取一个名字。探寻名字的来源很有趣，它往往来自婴儿刚开始说话前听到的某个词。很快，父母和亲戚们就会送给婴儿很多质地柔软的动物玩偶或洋娃娃。从婴儿的角度来看，玩偶的形状并不重要，重要的是这些玩偶的纹理和气味，尤其是气味，往往对婴儿的意义重大，父母在以后会了解到，他们甚至不能随便清洗这些玩偶。所以你常常会发现，一个十分讲究卫生的父母经常被迫带着一个肮脏的、散发着臭味的、质地柔软的玩偶，只为了能安抚婴儿。等婴儿再大一点儿，就会运用这种物品了，比如一次又一次地将它扔出婴儿车，再要回来，还学会了从里面撕扯东西，把口水流在上面。实际上，他可能会在这个物品上施展任何行为，比如充满爱意地抚摸和残酷地攻击。随着时间的推移，婴儿会拥有越来越多的物品，而它们的形状也越来越靠近小动物或洋娃娃。然后，父母开始让孩子学着说"它"，这意味着孩子必须承认玩偶来自外部世界，而不是出于他的想象。

如果我们回到第一个物品，也许是一个哈灵顿方形丝巾，或是一条特别的羊毛围巾，或是妈妈的一角手帕，必须承认，从婴儿的角度来看，我们要求婴儿说"它"并承认"它"来自外部世界是不合适的。在婴儿看来，他的第一个物品确实是由他想象而来的，这是婴儿"创造"世界的开始，我们必须承认，对每个婴儿而言，世界都必须重新创造。对这位新的人类成员来说，世界当前的样子毫无意义，他必须重新创造它，重新发现它。

我们无法公正地评价婴儿在压力面前，特别是在入睡前，为何会把他的早期财产摆弄出那么多的花样。

一个女婴一边吸吮拇指，一边抚摸妈妈的长发，后来，当她自己的头发足够长时，她会将自己的头发盖在脸上，闻着头发的味道睡觉。这种行为会一直持续下去，直到有一天，她像男孩子一样把头发剪短了。本来，她对短发非常满意，直到睡觉时发现少了什么，然后感到焦虑。幸运的是，父母保留了她的一束头发，她立即像往常一样将它盖在脸上，闻了闻，然后安心地入睡了。

一个男婴很小时就对一块彩色的羊毛毯感兴趣。在他一岁之前，他已经学会了拔羊毛线，再把它们按颜色一根根整理好。结果，他对毯子的质地和颜色的兴趣一直持续了下去，这个男孩长大后，成了一名纺织厂的色彩专家。

这些例子的价值在于它们——展示了健康的婴儿在面对压力和分离时所能使用的五花八门的技巧。几乎任何照顾孩子的人都可以举出几个这样的例子，每一个例子都值得研究，前提是意识到每个细节都是重要和有意义的。有时，我们发现的是一种技巧而不是物品，比如哼歌或更为隐蔽的某种活动，如将看到的光线和阴影匹配起来；或研究事物边界若即若离的关系，如观察两个窗帘在微风中轻微移动；或移动自己头部的位置来观察两个物体的位置变化。有时，孩子也会用思考来替代这些可见的活动。

为了强调这些事情的正常性，我想引起大家的注意，尤其要注意分离对孩子造成的影响。简单来说，当婴儿所依赖的妈妈或妈妈的替代者刚离开时，婴儿并不会觉得有什么变化，那是因为此时他的内心还住着一个理想妈妈的形象。如果妈妈离开的时间超过了一定限度，那么婴儿心里住着的那个妈妈的形象就会消失。与此同时，所有这些过渡现象都变得毫无意义，婴儿也无法再利用它们安抚自己。这时，婴儿就变成了那个必须得到安抚和喂养的婴儿，如果此时被单独留下来，那么他们就很容易将这些情感投入满足感官刺激的活动中，而失去整个可以亲密接触的过渡现象。如果妈妈离开的时间不算太长，当她回归以后，婴儿会首先建立起她的新的内在形象，这需要一点时间，直到婴儿恢复过渡现象。在往后的成长阶段，孩子一旦感到被抛弃，情况会更加严重，不再爱玩，无法表达亲情，也不再接受亲情了。结果不言而喻，接下来，孩子可能会出现强迫性行为，处于恢复期的孩子也会出现偷窃行为，虽然他可能只是在寻找那个由于母亲内在形象的消失而消失了的过渡对象。

一个女婴总是吸吮包裹在她拇指上的粗糙羊毛布。三岁时，她手指上的那块布被拿走了，她吸吮拇指的习惯也就得到了"治愈"。但后来，她在睡觉和阅读时又发展出了严重的强迫性咬指甲的习惯。在她十一岁那年，有人帮助她重新记起了那块包裹在手指上的羊毛布、布上的图案，以及她曾经对它的眷恋，结果她就不再咬指甲了。

在健康状态下，孩子很容易从过渡现象和安抚物品演变为具备完全的游戏玩耍能力。不难看出，玩耍对所有孩子都至关重要，而且玩耍是孩子情感健康发展的标志。我想要大家注意到这样一个事实：婴儿与第一个物体的关系是这种玩耍能力的早期表现。父母若是了解了这些安抚物体的真正用意，那么一定不会再为旅行时必须带着这些奇怪的丑陋玩偶而觉得难堪，他们甚至会对孩子的这些物品相当尊重，小心翼翼地保存，以免把它们弄丢。迟早有一天，这些东西会像老兵一样自然退伍。换句话说，它们已经成了一组现象，一直延伸到孩子的整个游戏领域和文化、兴趣领域，而这些过渡区域恰好横架于外部世界和内在想象世界。

把这两者分开显然是一项艰巨的任务，但孩子务必要完成，否则我们就不能称之为心智健全。然而，我们又都需要一个休息的地方，恰好文化、兴趣和活动提供了这样一个地方。对于小孩子来说，我们要给他一个更为宽广的空间，以便他能更好地发挥想象。因此，儿童的主要特征表现为，一方面利用外部世界的资源，另一方面又保留了想象的能力。而婴儿由于刚刚开始踏上这条通往心智健全的艰难之路，我们总要给他留出一个过渡地带，好使他们成功地应对清醒和睡梦之间的转化。我所提到的这些现象和婴儿使用的安抚物品，都属于这一过渡地带，在那里，我们不能过于强求他能很好地将梦境和现实进行区分。

作为一名儿童精神科医生，在我接触孩子，观察他们画画、听他们谈论自己及所做的梦境时，我惊讶地发现，孩子们总是能很快记起那些早期陪伴过他们的安抚物品，比如一些布头或一些奇怪的东西，这往往是父母早已经忘记的。假如那个东西还保留着，孩子总能从那些被遗忘的丢弃物，或抽屉的最底层，或柜子的最上层确切地找到它的所在。意外时有发生，尤其容易发生在父母认识不到这些东西的重大意义时，比如丢掉了它们，或被他们转送给了其他孩子，这都让孩子感到痛苦。

当然，有的父母因为生养过孩子，已经了解了这些物品的重要性，于是新的宝宝一出生，就把家里留下的过渡性物品塞给他，希望这些物品能产生与上个婴儿一样的效果。不过，这种行为也可能是失败的，因为以这种方式出现的过渡性物品可能对这个婴儿来说无法产生特别的意义，甚至它还是危险的。这是因为从某种意义上来说，这种方式剥夺了婴儿进行创造的机会。的确，如果孩子能够自发地利用家里的某个物品，最好还是让他自发利用，这对他的成长是有利的。他可以给那个东西命名，然后把它当成家里的一员，然后将兴趣延伸到其他玩具和小动物身上。

　　这个话题在父母看来也是一个十分有趣的话题，值得更加深入地探讨。父母不必成为心理研究大师，只需要认真观察和详细记录婴儿在这个过渡地带选择了哪些物品，以及用了怎样的技巧，就可以收获很多。

第二十五章　支持普通的父母

如果你已经读到这里，你会发现我一直在说一些积极正面的东西。我没有阐述如何去克服困难，或者当孩子表现出焦虑的迹象时，以及当父母在孩子面前争吵时应该做些什么，但我一直支持那些坚守孩子本能的健康家庭的普通父母。我要说的话还有很多，但在这里我只试着起个头。

可能会有人问：为什么要费心与那些已经做得很好的人谈那么多？难道不是那些处于困境的问题父母更需要帮助吗？好吧，我只是试着不被这样一个事实所压倒：即便在英格兰，在伦敦，在我工作的医院周围，仍存在着众多的困苦难题，还有因此而普遍存在的来自父母的焦虑和抑郁，是的，我对此太了解了。但我希望包围我的是稳定和健康的普通家庭，因为只有这样的家庭才是我们社会未来几十年稳定的基础。

也可能会有人问：既然你已经寄希望于健康家庭，为什么还要关心健康家庭？他们难道自己不能应付一切吗？我自然有我的理由，那就是所有好的事物都存在被摧毁的倾向。如果你认为好的事物是可以免受攻击的，那就太不明智了。相反，想要在被发现时存活下来，那么越好的事物越需要坚守和捍卫。人们总是对好的事物保留憎恶和恐惧，无意识地加以破坏，且明里暗里强加干涉，以条条框框等各种愚蠢的形式出现。

我并不是说，父母被官方的政策限制了。英格兰总是竭尽所能地让父母可以自由地选择接受或拒绝国家提供的服务。当然，一些硬性条款是必须遵守的，比如必须登记出生和死亡，必须通报某些传染病，五岁到十五岁的孩子必须接受义务教育。一旦违反国家法律，无论是孩子还是父母，都要接受某种形式的强制措施。但同时，国家也提供了很多可以自由选择或避开的服务，比如是否上幼儿园、是否接种天花疫苗和白喉免疫、是否去孕婴福利诊所、是否接受政府提供的鱼肝油和果汁、是否进行定期的牙科治疗、是否接受婴儿平价牛奶和学龄儿童的学校牛奶等。以上也表明，如今的英国政府也承认了这样一个事实，即一个好母亲可以正确判断哪些事是对孩子有利的。当然，这也有一个前提，即她对客观事实了如指掌，以及了解孩子的需求。

问题是，如前所述，那些实际管理这些公共服务的人，并非全都信任母亲。医护人员就常常对一些父母所犯的无知和愚蠢错误嗤之以鼻，以至于他们觉得所有父母都很愚蠢。或许，正是由于医生和护士接受了专业的培训，才导致他们无法信任母亲。但对身体疾病和健康的专业知识了如指掌，并不代表他们有资格质疑父母的全部工作。当某位妈妈质疑医生给出的专家建议时，他们就会认为这个妈妈是在故意找碴儿。但只有妈妈才知道，正在断奶的宝宝如果被带去医院，一定会受到伤害，也知道她的男孩在做包皮手术之前应该更多地了解一下这个世界，更知道她的女儿根本不适合接种任何疫苗（除非突发流行病），因为她对打针有应激反应。

如果医生决定给孩子做扁桃体切除手术，妈妈十分担心，该怎么办呢？医生当然对扁桃体再熟悉不过了，但他却不能说服这位妈妈，让她明白自己知道给一个无法理解这件事有多严重的小孩做手术是一件多么必要的事。如果可以的话，妈妈完全会坚持己见，阻止这件事的发生。妈妈若是真的接受过儿童人格发展方面的教育，也相信自己的直觉，完全可以跟医生沟通，说出自己的想法，然后讨论出一个更好的方案。一个尊重父母专业性的医生，也总是能轻松得到父母对自己专业性的认可。

父母都知道，要尽可能为孩子营造一个简单的成长环境，直到他们能够理解复杂性的意义，并能接受这些复杂性。总有一天，孩子会在真的需要切除扁桃体时再切除它，那时也就不会损害他的个性发展了，他甚至还能在住院经历中找到乐趣，这就像打怪升级一样，使他在成长之路上实现一个大大的跨越。但这个时间究竟是什么时候，不仅仅取决于孩子的年龄，还取决于他的性格，而能做出判断的人，只有和他关系亲密的妈妈，医生要做的仅仅是帮助妈妈理清思路。

英国政府对父母实施非强制性教育政策是明智的，下一步就是对那些管理公共服务的人实施教育，加深他们对平凡母亲育儿方面专业性的尊重。只有妈妈才是照顾自己孩子的专家，如果她没有屈服于某些权威，那么她一定能清楚地知道怎样照顾孩子才是好的，怎样才是不好的。

任何不支持父母是孩子第一责任人观点的人，从长远来看，都是危及社会核心的存在。

重要的是，一个生命个体从嗷嗷待哺的婴儿成长为儿童，再成长为青少年，是一个持续的过程，这个过程发生在一个自认为有能力处理局部问题的家庭中。家庭就像外部世界的缩影，是的，在这个外部世界的缩影中，发生的感情的强烈度和经历的丰富性并不比真正的外部世界少，只有在复杂性的程度上较小，但这一点其实并没有多大的意义。

如果我的文章能激励其他人更好地做我在这里所提倡的事情，即支持普通的父母，给他们提供真实和正确的理由，让他们相信自己的直觉，那么我将心满意足。让我们以医护人员的身份，从身体和心灵两方面尽己所能为病人提供帮助，同时倡导国家帮助那些因某种原因而被遗弃，需要关心和保护的弱势群体。但是，我们也应记住，社会上总有很多正常的男男女女，特别是那些刚踏入社会的年轻成员，他们不害怕面对自己的直观感受，我们也不必害怕面对他们的直观感受。为了让他们成为最好的父母，我们必须让他们承担起家庭养育的全部责任，同时也必须给其充分的自由。

第三部分

Part three   External World

外部世界

第二十六章　五岁以下儿童的需求

　　婴幼儿的早期需求并非多变的，它们一般是随天性而来，且不可改变的。

　　我们有必要以长足的眼光考虑孩子的发展问题，这总是有好处的，尤其对研究五岁以下的儿童十分有益。四岁的孩子还带有三岁、两岁、一岁孩子的特点，且与正在断奶的或刚出生的婴儿，甚至是子宫中的胎儿无异。五岁以下儿童的情感发展就是这样摇摆不定。

　　从出生到五岁，一个生命个体要想完成个性发展和情感成长，尚有很长的路要走，而且还要具备一定的条件。这些条件不需要太好，因为随着孩子智力的增长，他会变得越来越能容忍失败，然后学会提前做好应对挫折的准备。正如大家所看到的，儿童个体成长所必需的条件本身并非稳定不变的，而是跟随个体年龄及其需求的变化不断发生量变和质变的。

　　让我们来看看四岁的健康男孩和女孩。白天，他们可能会像成年人一样表现出世故的一面，男孩认同他们的父亲，女孩则比较认同母亲，当然也会出现交叉认同。这种认同能力既表现在实际行为中，又表现为在一定时间和一定范围内接受了自己应当承担的责任。在游戏中，孩子通过假扮父母体验着婚姻生活、教育子女等所带来的一系列责任和快乐；孩子的认同能力还表现在这个年龄特有的猛烈的爱和嫉妒方面，它不但存在于孩子白天的幻想中，而且更深刻地存在于孩子的睡梦中。

这些是任何一个健康的四岁儿童身上所特有的成熟元素。考虑到孩子本能的生活强度，这是有序地表现兴奋的生物学基础——从紧张感不断增加，再到高潮，直至达到某种形式的满足后再适当放松。

儿童五岁以前做的梦都是激烈张扬的，在梦中，孩子往往处在三角人际关系的顶端。在梦中，孩子接受了所谓的本能驱动，说明孩子的心理发展赶上了生理的成长，对于成长中的孩子来说，这是一个不小的成就。所以无论是在梦中还是在白天的幻想中，孩子的身体功能也参与到了固有的强烈关系中，他既感觉到了爱，也感觉到了恨，还有爱恨交织的冲突。

这意味着除因生理发育不完全所带来的物理限制外，性行为的全部都已经包含在了健康儿童的范围之内。在梦和游戏等象征形式中，性关系的细节成为童年的一种重要体验。

发育良好的四岁儿童有一种需求，即可以认同的父母。在这个重要的年龄段，植入道德和灌输文化模式是没有用的，有效的因素是父母、父母的行为举止和孩子所感知的父母的相互关系。孩子能轻易察觉这些细节，并将其牢记于心，或模仿或反抗，总之，孩子会在自我发展的过程中以无数方式运用它们。

此外，家庭以父母之间的关系为基础，通过持续存在功能来表达它的特殊功用。孩子表达的恨，以及噩梦中出现的恨，都能被孩子接受，这是因为尽管出现最坏的情况，家庭的运作依然不会停止，那就意味着家里一定存在好的一面。

然而，一个偶尔会表现出令人惊讶的成熟的四岁半孩子，也可能仅仅会因为划伤了手指或跌倒在地而突然回归到两岁时的状态，会变得突然渴求安慰。尤其是在睡觉前，他就像回到了婴儿时代。任何年龄段的孩子都需要深情的拥抱，都需要一种妈妈在怀孕时和揽着婴儿时所给予的那种爱。

实际上，婴儿在一开始时并不能对其他人产生认同。他需要一个缓慢的过程才能逐渐整合自我，并逐渐发展出这样一种能力——感觉到外部世界和内在世界是相关的，却又不同于自我。这种自我是独一无二的，世界上再找不出第二个与他一样的孩子。

就三到五岁的孩子来说，需要强调的是，他们首先必须达到与年龄相符的成熟度，因为健康的婴儿和儿童始终在为这种对个人未来发展至关重要的成熟度做努力。与此同时，五岁以下儿童的成熟度通常又兼容着不同程度的不成熟成分。这种不成熟是他们在健康的依赖状态下产生的"残留物"，所有儿童在他们的早期成长阶段都有这样的特征。比起试图描绘四岁儿童的综合画像，对于我来说，更简单的是给出处于各个发展阶段的儿童的状态。即便再凝练表达，我们也必须区分出以下几种元素：

第一，家庭中稳定的三角关系。

当孩子已经发展成为完整的人，并置身完整的人类关系中时，就被卷进一个三角关系。在潜在的或无意识的梦中，孩子爱上了父母中的一方，因此而憎恨另一方。这种恨最好是直接表达出来的，那些能够把早期潜在的攻击性"残留物"

汇聚起来，并以仇恨的方式表达出来的孩子是幸运的，因为这代表他是可以接受来自本能的爱的。然而，在某种程度上，这种恨又会被孩子识别竞争对手的能力所吸收。家庭情况支撑着孩子和孩子的梦，于是，这个三角形就有了一个完整而稳定的现实形态。这种三角关系也存在于其他各种关系中，既能从中心主题向外扩展，也能逐渐缓解紧张感，直到在某种真实情境中变得可控。游戏显得格外重要，因为它既是现实也是梦。游戏可以让孩子体验各种强烈的感受，否则他们就只能封闭在梦中被遗忘。但游戏最终会停止，而玩游戏的人也会收拾好玩具，坐下来吃吃下午茶，或准备洗澡和聆听睡前故事。此外，在游戏中（在我们所谈论的时期），总有一个成年人在旁边间接参与，并准备随时接管，对游戏加以控制。

研究假扮父母的"过家家"游戏和假扮医护人员的"打针"游戏，以及模仿母亲做家务和父亲上班的特定游戏，对于研究新手来说可能很有指导意义。尽管研究儿童的梦需要特殊的技能，但比起简单观察儿童的游戏，也更能让研究新手深入无意识领域。

第二，婴儿与母亲的二元关系。

在更早的阶段，我们观察到的是婴儿与母亲之间更直接的二元关系，而不是三角关系。母亲以极其微妙的方式向婴儿介绍这个世界，通过抵御偶然事件的冲击，以及通过使用正确的方式，在正确的时间或多或少地提供婴儿所需，并尽可能地做到这一点。可以看出，二元关系相较于三角模式，给予孩子处理尴尬问题的空间要小得多，也就是说，在二元关系中，孩子的依赖性更强。尽管如此，他们已经是两个完整的人了，且有着密切相关、相互依赖的关系。如果母亲自身健康，不焦虑、不抑郁、不困惑、不孤僻，那么随着母婴关系的日渐丰富，婴儿将迎来很大的个人成长空间。

第三，母亲与未整合状态的婴儿间的关系。

在此之前，婴儿的依赖程度更高。母亲是婴儿每天都很需要的人，她可以整合构成婴儿生活的各种感觉，如感动、兴奋、愤怒、悲伤等。但婴儿还无法承受或掌控这些感觉，婴儿还不是一个完整的整体，还是一个需要母亲抱在怀里，慢慢成长的人。如果有必要，母亲甚至可以在心中回顾一下，这一天对婴儿意味着什么，毕竟没有谁比她更能了解婴儿此时的处境。在婴儿还无法感觉到"完整"的时候，她已经把婴儿看作一个完整的人了。

第四，母爱以生理照料的形式表达。

更早之前，母亲的怀里揽着婴儿，这里我指的是字面意义上的抱着。所有非常早期的身体护理细节对婴儿来说都有一定的心理价值。母亲需要积极地适应婴儿所需，一开始就要让这种适应变得非常完整。就像人们所说的那样，母亲总能本能地知道婴儿的哪种需求即将变得迫切。她所采取的介绍这个世界的方式是唯一不会让婴儿感到混乱的，那就是按婴儿所需予以满足。同样，母亲通过为婴儿提供生理满足的方式表达爱，使婴儿身心一体；通过她的婴儿护理技巧，母亲还表达了自己对婴儿的感情，并获得了婴儿的认可。

以上四种需求是我根据家庭模式中观察到的各种变化对孩子的影响提出的。这样的需求，以他们自己的方式不断变化着，同时又是绝对的、不可更替的。这些需求若是得不到满足，会导致孩子的个体发展出现扭曲。值得注意的是，越是原始类型的需求就越需要得到满足，因为越早期的个体越依赖环境。早期的婴护问题是超越有意识思考和刻意意图的问题，而这个问题通过爱就可以得到解决。我们所说的婴儿需要爱，是指只有爱婴儿的人才愿意去主动适应婴儿的需求，而后跟随婴儿的能力发展，积极地从失败中总结经验。

　　五岁以下儿童的基本需求关乎身心成长，因此多是一些原则性的需求。这一真理适用于世界任何地方、任何文化，更适用于过去、现在和未来的所有人类。

父母及其养育意识

　　如今的年轻父母对孩子的养育工作似乎有一种全新的意识，这是统计调查未显示的许多重要事实之一。现代父母更有耐心，他们会做计划，会阅读相关书籍。他们知道自己最多只能关注两三个孩子，所以决定以最好的方式完成他们有限的父母职责：亲力亲为，自己照看孩子。一切顺利的话，他们会建立起直接的亲子关系，而这本身就是一种极其强烈和丰富的体验，甚至是令人震惊的。我们预期，看护人员在家庭养育中的消失，会出现一种特殊的难题，即父母和孩子一定会发展成为三角关系。

　　可以看出，那些有意识地致力让孩子在通往心理健康的道路上有一个良好开端的父母，他们本身就是个人主义者。正是这种个人主义，让父母认识到自己也需要进一步的个人成长。这样，才能使现代社会中心理不健全的人越来越少。

只有那些把儿童养育工作当作毕生的事业来对待的父母，才能为孩子提供丰富的养育环境。一旦他们碰到真正能帮助他们的东西时，一定会加以利用，前提是这种帮助不能损害父母的责任感。

新生儿的诞生对于年长的孩子来说是一种宝贵的经验，也可能是一个大麻烦，愿意花时间考虑这个问题的父母总能避免一些养育过程中容易出现的错误。然而，我们也不能单纯地以为提前考虑过就能阻止有关爱、恨和忠诚的矛盾冲突。生活本不易，对于三到五岁的正常孩子来说更是困难重重。幸运的是，生活也是有回报的，尤其在生命的早期阶段，它总是充满了希望。只要家庭稳定，就能让孩子在与父母的相互关系中感受到幸福和满足。

那些立志成为合格父母的人，其实是给自己布置了一项艰巨的任务，并且可能竹篮打水一场空。许多偶然的因素可能会让父母一败涂地，但幸运的是，孩子们所面临的患有身体疾病的风险比二十年前要小得多，而且父母愿意顺从孩子的需求，这是有帮助的。然而，也必须牢记，父母之间一旦出了问题，他们显然也不会只为满足孩子的成长需求而继续维系他们的稳定关系。

社会及其责任感

当今社会，人们对婴幼儿护理的观念已经发生了翻天覆地的变化。现在人们认识到，婴儿期和童年期是个体建立心理健康基础的时期，这两个时期也为个体最终成为一个心理成熟而健康的成年人打下了牢固的基础。这样的成年人，既能认同社会，又不会丧失自我。

20世纪上半叶，儿科的养护进步主要体现在生理护理层面。人们逐渐形成了这样的观点：预防或治愈了儿童的身体疾病，那么他们的心理问题也就不复存在了。但今天，儿科要想发展，就必须超越这一基本观点，然后找到一种方法，在照顾儿童身体的情况下兼顾他们的心理健康。

约翰·鲍尔比博士多年来致力这样一项研究——小孩与母亲分离后产生的不良影响。在过去几年中，这项研究引起了人们的关注，医院也已经允许母亲更早、更多地探访他们的孩子，并且尽可能避免母子分离。此外，国家在照顾弱势儿童方面也有了政策上的变化，基本上废除了住宅式的托儿所集中管理，增加了寄养家庭。但是，从事儿科养护事务的医护人员并没有真正地转变思想，无法承认小孩对父母的需求。然而，只有让他们认识到避免让孩子与父母分离才能预防更多的心理疾病，儿科才能得到真正的发展。因此，如何更好地帮助儿童在正常的家庭环境中形成健康的心理，仍然是我们努力的方向。

此外，医护人员对于怀孕、分娩，以及婴儿最初几个月的生理健康已经有了很多了解。然而，他们不了解妈妈和宝宝是如何在最初的喂养中相互适应、相互联结起来的，这是一件超越了规则和条例、只有妈妈自己知道的微妙事情。在妈妈刚刚开始和宝宝找到相处之道时，各路专家的干预就对妈妈造成了极大的困扰。

　　我们需要意识到，在该领域受过培训的工作人员（产科护士、健康顾问、幼儿园教师等各路专家）与父母相比，可能都还是个不成熟的人，因此，父母对特定事件的判断可能比工作人员更为合理。如果理解了这一点，父母就避免了这种困扰。受过培训的工作人员之所以必要，是因为他们掌握着过硬的专业知识和技能。

　　父母始终需要的是从根源上得到启发，而不是建议，也不是流程上的指导。我们必须给予父母实验和犯错的空间，以便他们能够学习进步。

　　如今，个案社会工作已经扩展到了心理领域。社会赋予的普遍的管理原则，可以证明其在预防方面的价值，但它仍然可能会对正常或健康的家庭生活构成威胁。我们要明确这一点：国家的健康水平依赖于健康的家庭单位，而健康的家庭单位依赖于父母的健康情感基础。因此，健康的家庭都是神圣的领地，除非真正理解其真正的价值，否则不应该擅自介入。不过，健康的家庭单位也需要得到更广泛的帮助和支持。所以，父母始终都忙于开展他们自己的人际关系互动，依赖社会收获幸福，最终融入社会。

兄弟姐妹的相对缺失

　　现今，家庭模式的一个显著变化是兄弟姐妹少了，就连堂兄弟姐妹也少了。我们不要幻想给孩子找个玩伴就能替代这层关系。孩子与母亲的二元关系发展到与父母的三人关系，再扩展到更为广泛的社会关系，在这一过程中，血缘关系发挥着极其重要的作用。可以想见，现代的孩子再也没有过去大家庭所能提供的亲缘帮助了。没有可以依靠的堂兄弟姐妹是很普遍的，但如果把这个问题放在独生子女身上，问题就严重了。如果你认可我说的，那么我们能给予现代小家庭的帮助就只能是扩大其建立关系的机会和范围了。如果规模不是太大，且配备了合适的人员，幼儿园、托儿所和日托中心都能提供很多帮助。我所说的不仅是足够的人员配备，员工还要接受一定的婴幼儿心理学教育。父母可以利用幼儿园给自己放个假，增加孩子与其他小孩交往和游戏的机会。

哪怕再正常的父母，让他们日日夜夜与孩子在一起，也可能会厌烦带孩子的日子。但如果他们能有一些自己的时间，就能在剩余的时间里与孩子和睦相处。我之所以特别提到这一点，是因为在我的工作实践中，遇到过太多这样需要给自己放个假的母亲了。当然，这个问题尚有很大的争议空间，就健康家庭而言，父母完全可以自主考虑是否将孩子送去幼儿园或日托中心。

如今，英国的幼儿园教育水准在世界范围内名列前茅，其中部分原因要归功于玛格丽特·麦克米兰和我已故的朋友苏珊·艾萨克斯。此外，幼儿园教师的教育也影响了对后续年龄段教育的整体态度。既如此，我们若还是看不到幼儿园的进一步发展，那才真是令人遗憾。日托中心由于并非为婴儿设计的，因此，当局可能并不一定会真正关心人员配置或设备问题。日托中心比幼儿园更可能受到医疗当局的支配。

以医生之名，我不能不遗憾地说，医疗当局总是认为个体身体的成长发展和免受疾病的困扰才是最重要的。其实，日托中心只要配备足够的人员和设备，完全可以发挥像幼儿园一样的作用。最重要的是，它可以让疲惫的妈妈松一口气，然后打起精神成为更好的妈妈。

由于日托中心对社会具有明显价值，因此将继续得到官方支持，让它们配备充足的设备和人员，这样才能确保不会对孩子造成伤害。只有幼儿园做得足够出色，优秀家庭才可以加以利用，为本就孤独的孩子扩大活动范围。同时，由于优秀的幼儿园迎合了健康家庭的需求，所以它对社区有着极为特别的、无形的、无以计量的价值。只要认真对待当下，社会就会有未来；只要重视健康家庭的建设，社会就会有未来。

第二十七章　影响与被影响

在科学探究人类事务的过程中，我们遇到的最大障碍一直是人们很难认识到无意识情感的存在和它的重要性。当然，观察人类长期以来的表现，他们是知道无意识的存在的。例如，他们了解想法从产生到消亡的过程，也知道记忆可以被唤起和恢复，还能寻找到善意或恶意的灵感。但是，这种对事实的直观认识，与在智力上理解无意识及其在事物体系中的作用还是存在着非常大的差别的。人类对于无意识情感的探索发现是很需要勇气的，而这种探索永远绕不开一个人，那就是弗洛伊德。

之所以说它需要勇气，是因为我们一旦接受了无意识这个事实，就意味着迟早要走上一条令人痛苦的道路——痛苦地认识到无论我们多么想将邪恶、残忍和恶劣影响看作外在的或是从外部对我们产生影响的东西，但最终都会发现，所有这些都存在于人性本身，也就是说源于我们自己。当然，不排除确实存在有害的环境，但是（只要我们有了一个良好的开端）我们在应对这种环境时所遇到的困难主要来自内在的基本冲突。再次强调，人类长期以来已经凭直觉认识到了这一点，也许从第一个尝试自杀的人开始，我们就已经认识到了。

当然，人们也很难接受将自己的本性以及有益的影响归因于上天的恩赐。因此，我们关于人性的思考很可能会受限于对真相的恐惧。

认识到人性中存在无意识和有意识两个方面，将有益于研究人际关系的细节。如果将这个庞大的主题概括一下，那就是"影响和被影响"的关系。

人际关系影响力的研究对教师而言一直有很重要的价值，对社会生活和现代的学生来说也特别有趣。这个研究或多或少地将我们带入了对无意识情感的思考。

有一种人际关系的理解将有助于阐明与影响力有关的一些问题。这种人际关系的根源在个体生活的早期，那时，人与人的接触主要集中在喂养时间。与普通生理喂养平行的是孩子对环境中的事物、人和事件的接受、消化、保留和拒绝。虽然在孩子成长的过程中也能够发展出其他类型的关系，但这种早期的关系或多或少地会一直持续存在于他的生命中。在我们的语言体系中，有许多词汇或短语可以用来描述与食物的关系，它们同样可以很好地描述与非食物的关系。牢记这点，我们再来看看正在研究的问题，也许就能看得更远或更清楚一些了。

在母婴关系中，显然永远存在一个得不到满足的宝宝，也永远存在一个急切地希望哺乳而遭到拒绝的妈妈。在成人世界中，永远有像婴儿一样不知道满足的人，也永远有像母亲一样在与别人的关系中频频受挫的人。

例如，有的人时常感觉空虚，这让他感到害怕，害怕空虚让他的食欲具有了攻击性。这种人可能都有一个明确的导致空虚的原因：好朋友去世了，或丢失了某些有价值的东西，或由于某些主观原因而感到沮丧。这样的人需要找到一个新的对象来填补空虚，可以是一个新人来代替失去的人，也可以是一套新的思想或新的哲学来代替失去的理想。可以看到，这样的人特别容易受到影响。除非他能忍受这种沮丧、悲伤或绝望，并等待自发恢复，否则他必须去寻找一个新的影响，或屈服于任何偶尔出现的强大影响。

我们很容易发现这样一类人，他们对于满足别人的需求有着强烈的愿望，时常乐善好施，并急于证明自己对于他人来说是有价值的人。当然，关于这一点，他可能在潜意识里也是有所保留的。这样的人一定会通过组织、教导、实施宣传等影响他人的手段来达到自己的目的。作为一名母亲，这样的人很容易过度喂养或过度引导孩子，而这种急切的愿望和我之前描述的来自饥饿的焦虑存在着联系。他们非常害怕别人表现出饥饿状态。

毫无疑问，沿着这条线路，正常的教学就可以自然而然地展开了。从某种程度上来说，所有人的心理健康都依赖于工作，哪怕是教师、医护人员也不能例外。工作的动力往往代表着焦虑的程度。不过，一般来说，没有学生会喜欢看到老师身上这种迫切的教学需求，他们更希望老师的这种教学需求与他们的个人困难保持一定的距离。

可以想见，当这些极端的情况相遇时会怎样，比如挫败的给予者遇到挫败的接受者时会发生什么。假设有一个内心空虚并急切寻求新的影响的人，和另一个渴望进入某人内心并施加影响的人相遇，极端情况发生了，一个人把另外一个人完全"吞噬"了，然后呈现出一场相当滑稽的闹剧。这就解释了我们经常遇到那些总喜欢假装成熟的人，因为他似乎一直在进行模仿。

　　一个喜欢刻意模仿英雄的孩子可能表现得像个好孩子，但是这种表现良好往往是不稳定的。另一个孩子反其道而行之，喜欢模仿一个可怕的恶棍，那么你会认为这种坏不是出于本性的，它源于强迫，孩子只是在扮演一个角色。比如，我们常常发现一个孩子喜欢模仿那个他深爱着的却刚刚逝去的人病中的模样。

　　这里可以看出，影响与被影响之间的亲密关系似乎是一种爱的关系，而且很容易被当事人误认为是真正的关系。

　　师生关系就大多处于这两个极端之间。在这些关系中，教师喜欢教学，并从成功中获得安慰，但成功并不是心理健康的必要条件；同样，学生可以自由享用教师所提供的教学内容，而不必迫于焦虑而模仿教师，牢记或者盲目相信任何一位教师所教授的所有东西。教师要学会接受被怀疑或被质疑，就像一位母亲往往能容忍孩子接受不同的饮食癖好一样，学生也要忍受不能立刻从教师那里获得可靠答案这一事实。

　　由此可见，教学生涯中那些热心的老师往往由于过于热情，而在与学生的实际工作中受到限制，因为这种热情会使他们无法忍受孩子对其所提供的教学内容的筛选、检验，以及否定。在实践中，这些都不可避免地令人感到头痛，但又无法通过不健康的方式将其推翻。

　　这些考量也同样适用于父母养育孩子的问题。事实上，如果把影响与被影响的关系作为爱的替代品，那么它在孩子的生命里出现得越早，后果就越严重。

一个女人希望自己成为一名母亲，却无法容忍孩子在排便时想要搞乱一切的冲动，如果她根本无法平衡自身需求与孩子的需求，那么她的爱就是肤浅的。她对孩子的欲望进行压制，这种方法也许会成功，但就算成功了，其结果也将是平淡无奇的。更何况这种成功很容易导致失败，因为孩子可能会做出无意识的抗议，最后以生理失禁的形式表达出来。这不是和教学情况相类似吗？

良好的教学要求教师能够容忍自己在教学中遇到的自发性的挫败感。在接受文明启蒙的过程中，孩子自然也会深切地感受到挫败，帮助孩子真正成为文明人的并不是教师的教诲，而是教师自身承受教学中固有的挫败感的能力。

教师的挫败感并不会因以下几点就轻易结束，比如认识到教学总是不完美的，错误是不可避免的，任何教师都可能会犯有失公正的毛病，老师甚至也会做坏事，等等。比以上这些更难承受的是，教师精心准备的课堂遭到学生的拒绝。孩子会带着属于他们自己个性和经历的困惑步入学校，这些是他们自身情感发展扭曲的一部分。同样，孩子们总是容易歪曲他们在学校中发现的事物，因为他们想象中的学校要么是家庭的重现，要么是家庭的对立面。

教师必须忍受这些失望，而孩子则必须忍受教师的坏情绪，以及他们扭曲和压抑的性格。毕竟，老师也是人，也会有早晨一醒来就心情不好的时候。

我们观察得越多就越能看到，教师和学生想要健康相处，就必须学会互相牺牲自己的自发性和独立性，这几乎和学校所设定的各学科的教学同样重要。无论如何，即便这种"给予和接受"的实践教训有所缺失，或被某个人的个性所支配和掩盖，那么科目教得再好，教育也将是枯燥的。

我们从以上论述中可以得出什么结论呢？

思考以后（就像教育的思考常常进行的那样），我们得出这样一个结论：在评估教育方法时，没有什么比单纯的学术成功或失败更具误导性了。因为这样的成功可能仅仅是因为孩子发现了应付某个特定教师、特定科目，或者整个教育体系的最简易的方法——顺从。只要闭上眼睛，张大嘴巴，不带怀疑和批判地全盘接受灌输就可以。但是，这就大错特错了，因为这意味着对怀疑精神的完全否认，实在不利于个体发展。然而，这对教育界的独裁者来说，却成了他们宝贵的精神食粮。

在考虑影响及其在教育中的合适地位时，我们发现，教育的堕落在于滥用了孩子身上最神圣的属性：怀疑精神。独裁者对此了如指掌，通过提供一个不容置疑的模式来施展权力。这实在无聊至极！

第二十八章　教育需诊断

　　一名医生能跟教师说些什么有用的话呢？医生显然不能指导教学，而且学生也不想看到他们的老师像医生一样本着治疗的态度去施展教学。学生不是患者，至少在学校期间不是老师要治疗的患者。

　　当医生审视教育领域时，他很快就会提出一个问题：医生的全部工作都基于诊断。那么，在教学中，是否也存在与医学诊断相对应的工作呢？

　　诊断对医生如此重要，以至于医学院曾一度忽略了治疗这个科目，或将其排挤并遗忘至角落。医学教育曾迎来过一个鼎盛时期，大概是在三四十年前，那时人们热情地谈论着医学教育的新阶段，把治疗当成主要教授的内容。如今，我们看到的那些了不起的治疗方法，如青霉素、安全手术、白喉免疫等，误导公众认为医学实践得到了改进。但公众并不知道这些改进正威胁着良好医学的基础，那就是精确的诊断。如果一个人发烧了，并且在服用医生给他开的抗生素后康复了，他会认为自己得到了很好的医疗服务。但从社会学的角度看，这是一场悲剧，因为诊断不再被需要了，而是盲目给予患者一定药物即可。基于科学基础的诊断是我们医学遗产中最宝贵的部分，也是区别专科医生与信仰治疗师、骨科医生，以及我们病急乱投医时咨询的那些江湖术士的标准。

问题在于当我们审视教师职业时，发现了什么？我的发现不一定正确，但我觉得有必要说出来，那就是我在教学中很难再看到类似医生深思熟虑下诊断的事情了。在我与教师的交往中，我发现有太多的儿童在未得到"诊断"时就开始盲目接受教育了，这令我担忧。当然，事情总有例外，不过大体情况就是这样。无论如何，我认为，如果教育界能认真考虑类似医生诊断的东西，一定会大有收获。

首先来看看迄今为止我们为此做了怎样的努力。每所学校几乎都有一套自己的诊断标准：如果一个孩子有问题，那么学校很可能会将这个孩子除名，要么强行开除，要么勒令退学。这样做对学校有利无弊，但对孩子可是大大的不利。但是，大多数老师都相当赞同这个做法，他们认为最好能在一开始就把这样的孩子排除在外，尤其是当学校委员发现无法再接收更多的孩子时。然而，校长也会遇到难题：如果把所有难以把握的学生排除在外，是不是也会把一些有趣的孩子踢出局呢？这时，如果有一种科学的方法可以识别学生，他肯定十分乐意采用。

目前，可以科学进行测量的是智商（IQ）。众所周知，类似的测试比比皆是，应用的范围也越来越广，尽管有时候它们的使用价值被无限放大了。智商在量表的两端都是有测量价值的。如果这些精心准备的测试能让人们了解到一个表现不佳的孩子的智力并没有问题，也不是教学方法的问题，那么是否就能引导人们往情感阻碍方面考虑了呢？同时，通过测试早早得知一个孩子的智力远低于平均水平，且判定他无法从普通的教育中受益，也是大有帮助的一件事。一个孩子存在智力缺陷的情况，一般在进行测试之前就已经相当明显了。人们也都知道，为发育迟缓的孩子提供特殊的学校教育，为大脑发育特别滞后的孩子提供专职培训，是任何教育大计中必不可少的内容。

到目前为止，一切还算不错。只要方法科学可用，诊断就可以进行。然而，大多数教师都认为，每个班里都会有聪明的孩子和不太聪明的孩子，只要班级人数不太多，他们是可以照顾到不同学生的需求的。困扰教师的往往不是孩子们参差不齐的智商水平，而是他们各有不同的情感需求。即使是在普通教学中，有的孩子能够承受硬性灌输的东西，有的孩子则只能按照自己的节奏和方式悄悄地学习。在学校纪律方面，各个群体又是千差万别的，没有哪一项规定能永远有效。在这所学校，自由、善意和宽容比较有用，但在另一所学校，这些内容可能会导致更大的失败。同理，严格的学校氛围也是一样。另外，还有各种类型孩子的情感需求问题，比如对老师的人格依赖程度，对教师发展出的原始的情感问题。所有这些都是因人而异的，固然一些优秀的老师会设法加以区分，但也不得不坚持这样一个原则，即少数服从多数。这些都是教师需要日复一日思考的大问题。在此，医生给出的建议是：沿着诊断的思路，或许可以做更多的事。

随便划出一群孩子，里面都会有家庭和睦和家庭不幸的，前者会利用家庭的和睦顺利发展个人的情感。对这类孩子来说，最重要的测试和实践都是在家里完成的，父母能够也愿意承担责任。他们去学校是为了丰富生活的内容，以及学习知识。即使学习很枯燥，他们也希望每天花很多时间付出努力，从而顺利通过考试，然后像自己的父母一样从事一份工作。他们也喜欢与多人玩耍，因为这是在家里做不到的，尽管玩耍通常也属于家庭生活的一部分。

相比之下，来自不幸家庭的孩子去学校则另有目的，他们大多是带着这样的想法去上学的：学校或许能提供给他们家庭所不能提供的东西。他们不是为了学习而去学校，而是为了在家之外找到另一个家。这意味着他们在寻求一个稳定的情感环境，在这里，他们可以尽情地表达自己不稳定的情感，可以逐渐融入一个新的团体，在这个团体里，他们可以试验自己原始的攻击性可以发挥到哪种程度。

完全不同的两种孩子竟然被放在同一个教室，这是多么奇怪的一件事啊！所以，我们确实应该设立更多不同类型的学校，有计划性地去适应这些被诊断为具有极端特征的学生群体。

教师发现，不同孩子的个性适合用不同类型的管理方式。第一种孩子渴望得到适当的教学，强调学术指导，因为他们生活在满意的家庭，因此也希望得到令人满意的教学。对于没有生活在满意家庭的另一类孩子，他们需要的是合适的人员安排给他们有组织的学校生活，定期的餐饮，着装监督，情绪的管理以及被允许或合作或拒绝的极端表现。第二类孩子的重点是在"管理"上。这类孩子应该选择那些性格稳定或者对自己的私人生活较为满意的教师，而不是能把算术教得多么好的教师。

　　此外，这只能在小规模班级中进行，如果一个教师需要照顾的孩子太多，怎么可能了解每个孩子的情况，怎么可能为日常变化做准备，又怎么可能区分出孩子的行为是无意识的狂躁还是有意识地在对权威进行试探呢？因此，在极端情况下，教师必须采取措施为这些孩子提供一个家庭生活的替代选择，比如提供一个宿舍，只有这样，教师才有机会进行真正的教学。在小宿舍里，因为团体小，每个孩子可以在很长一段时间内被一小组稳定的工作人员有针对性地实施管理，这将为他们带来巨大收获。每个孩子把家庭中解决不了的问题带到学校，对于工作人员来说，处理这些问题本身就是一个棘手和耗时的事情，这进一步证明了在管理这些孩子时，团体越小，越容易操作的客观事实。

　　这种分类在私立学校往往会自然发生。由于学校的类型各种各样，校长和老师的教学理念和风格也不尽相同，家长们通过中介介绍和口耳相传，逐渐地学会了将学校进行分类并做出选择，最后孩子们会发现自己上了一所适合自己的学校。然而，在那些统一设立日校的国家，情况就完全不同了。国家规定孩子们必须就近上学，很难想象，每个社区能有足够的学校来满足孩子们千差万别的需求。国家可以区分智力迟钝和智力正常的孩子，并且对具有反社会行为的孩子多加关注，然而，却很难微妙地区分有良好家庭背景和没有良好家庭背景的孩子。如果硬要区分，那么将不可避免地造成误差，而这些误差势必会干扰到那些优秀的家长，干扰他们不拘一格的家庭教育计划。

　　尽管十分困难，但关注这种事也的确是值得的。极端情况有时可以有效地说明一些观点。一个反社会的孩子，由于这样或那样的原因导致家庭教育失败，才需要特别的管理。这可以帮助我们看到所谓"正常"的孩子也可以被划分为两类：一类是家庭教育足够应对的孩子，而学校教育对他们来说不过是锦上添花；一类是期望在学校中找到自己家庭中所欠缺的基本品质的孩子。

这个话题之所以更加复杂，是因为有些孩子虽然可以被归类为缺乏良好家庭的那一类，实际上他们有一个好的家庭，只是由于个人原因无法加以利用。许多非独生子女的家庭往往都有一个难以管教的孩子。然而，为了说明问题，将那些家庭尚能应对和那些家庭不能应对的孩子进行分类也就成了一件将复杂问题简单化的合理的事。

在探讨这个问题时，我们有必要将这种情况进行进一步区分：一种情况是在一开始被家庭给予了良好的开端，但后来失败的孩子；一种情况是从一开始就没有被家庭连贯地或令人满意地介绍认识这个世界的孩子。就第二种情况来说，孩子的父母本可以为孩子提供必要的成长条件，但一些突发情况使孩子偏离了轨道，如手术、长期住院、母亲因病离世等。

简而言之，我试图展示的是教学如良好的医疗实践一样，是可以很好地实施诊断的。我在这里只选择了一种分类方式来清楚地表达我的意思，但这并不意味着没有其他更重要的分类方式了。按年龄和性别进行分类已经在教师中被广泛讨论。事实上，我们可以根据精神病的类型对他们进行更有用的分类。把内向、心不在焉的孩子与外向、善于表达自我的孩子放在一起教育是多么奇怪啊！对焦虑抑郁的孩子和无忧无虑的孩子采取相同的教育方式是多可怕的一件事啊！用一套技术约束孩子的兴奋，同时管理孩子时而抑郁、时而躁郁的心情，这又怎么可能办得到呢？

　　当然，教师也会凭直觉适应他们遇到的各种不同且变化着的情况，从而调整教学方法。从某种意义上说，这种分类和诊断的想法已经过时了。我在这里提出建议，教学应该基于正式诊断，就像良好的医疗诊断一样，而不是仅仅凭借教师的才华和直觉。鉴于国家教育计划的推广，这一点尤为重要，因为国家计划总是倾向以公认的理论和实践干预个人的才能。

第二十九章 孩子的羞怯和紧张是心理疾病吗？

目前，医生的职责是至少关注一个病人的个人需求——以前来问诊的病人为对象。因此，医生或许跟教师并没有太多的共同语言，医生的工作方式与教师还不一样，教师几乎从未有机会将注意力完全集中在一个孩子身上。教师常常有这样的感觉，即想要针对某个孩子做一些对他有益的事情，但又会担心这种做法会给整个群体带来困扰而不得不放弃。

然而，这并不代表教师对他手下每个孩子的个体研究没有兴趣，这时，医生的诊断往往能让他更清楚地看到问题所在。例如，为什么一个孩子总是表现得时而羞怯、时而恐惧呢？到底发生了什么？医生哪怕无法给出直接的建议，也至少可以增加教师的理解，减少他的焦虑，这样他才能更好地管理孩子。

在医生需要去做的事情中，有一件事一定比教师做得好：医生会尽可能从父母那里了解孩子过去的生活和目前的状态，并且，他会尝试将孩子当前的症状与孩子的个性以及他所处的外部环境和内心体验联系起来。教师可能并没有足够的时间或机会做到这一点，但我想，教师也不善于利用某些诊断的机会。教师通常知道孩子的父母是怎样的，特别是当他们过于难缠、十分挑剔或总是忽视孩子时，教师就很容易对孩子在家庭中的处境有一个清楚的认知，不过这种认知也仅限于此。

即便我们忽略了孩子的内在发展，很多东西还是可以关联到外部事件上的，比如，最喜欢的兄弟姐妹、阿姨、父母或祖父母去世了。在我认识的孩子中，有一个始终一切正常，直到有一天他的哥哥因车祸去世，从那以后，他就经常四肢疼痛、郁郁寡欢，甚至一度失眠，开始厌学，交往困难。我发现，没有人去费心搜集这些事实，然后将它们串联起来。他的父母尽管清楚所有事实，但由于自顾不暇，根本没有意识到孩子发生的这些改变与亲人的离世存在必然联系。

正是由于缺乏对孩子病史的搜集，教师和校医很容易在管理上犯错，然后导致本就渴求被理解的孩子越发困惑。

当然，深究大多数孩子的紧张和羞怯心理，并不像这么简单，它们往往没有明显的外部诱因。但作为教师，只要存在这样的因素，我们就不应该忽视它。

我的脑海里时常浮现一个十分简单的案例——一个聪明的十二岁女孩，在学校突然变得很紧张，晚上也出现了遗尿现象。似乎没有人意识到她正在努力调节由于心爱的弟弟离世导致的悲伤情绪。她的弟弟因传染性发热被隔离了，一开始说只需要离家一两个星期，但很快，弟弟出现新的病痛，被诊断为结核性髋关节炎，所以继续离家住院。当时，她和家里人还感到一丝庆幸，因为弟弟住在一家口碑很好的结核病医院里。但随着时间的推移，弟弟的结核病还是恶化了，最后他在遭受了更多的病痛折磨后去世了。但女孩仍然感到庆幸，因为大家都说弟弟得到了解脱。

　　事件发生地那么突然，又那么自然，以至于她从未来得及好好感受这剧烈的悲痛。然而，悲伤就在那里，等待着被承认。我只用一个简单的提问就出乎意料地捕捉到了她的悲伤："你很爱他，不是吗？"她突然情绪失控，泪如雨下。然后，她在学校恢复如常，也不再夜间遗尿了。

　　这种直接治疗的机会并非每天都有，但这个案例说明了不知道如何准确收集病史记录时，教师和医生就会觉得茫然无措。

　　有时候，我只有经过大量的调查才会得出明确的诊断。一个十岁的女孩，她所在的学校十分重视个体的差异性。我有幸见过她的老师，老师对我说："这个孩子跟许多孩子一样，很紧张、很害羞。我小时候也非常害羞，所以我能理解她的紧张感。在班级里，我很擅长应对这种孩子，只需要几周时间，我就能为他们减轻这种症状。但是，唯独这个孩子难倒了我，我想尽一切办法，都无法做出一点点改变，她没有变得更好，也没有变得更差。"

　　正巧，这个孩子来我这里接受了精神分析治疗，当她内心的疑虑被挖掘出来后，她的症状才有所缓解。这是一种严重的精神疾病，只有通过精神分析才能得到治愈。老师说的一点不错，这个害羞的孩子和其他害羞的孩子之间是有一定区别的。对这个孩子来说，所有的善意都是陷阱，所有的礼物都是毒苹果。患病时的她，根本无法认识和感受安全感。在恐惧的驱使下，她尽可能表现得像其他孩子一样，以免暴露出自己希望得到帮助却又无助的模样。当她接受了大约一年的治疗后，那个老师终于能像对待大多数孩子一样对待她了。最终，这个女孩成长为一个对学校有贡献的女孩。

许多极度紧张的孩子在其心理构成中都有一种被迫害的预期，这一点可以帮助我们将这些孩子和其他孩子区分开来。这样的孩子经常遭受迫害，而且是自讨苦吃的那种——可以说，加害者往往是他们自己制造出来的。他们不容易交朋友，不过，他们总是能与拥有共同敌人的人结成联盟。这些孩子会浑身疼痛和食欲不振，并因此来找我们就医，但有趣的是，他们经常抱怨遭到了老师的虐待。

幸运的是，我们知道这种抱怨并不是事实，其目的更为复杂。通常情况下，这种抱怨就是纯粹的错觉，有时又是一种微妙的、带有敌对情绪的谎言。但不管怎样，这都是一个痛苦的信号，说明孩子在无意识中遭受到了更为可怕的潜藏的破坏。当然，也的确有坏老师，有些老师甚至会恶意地打罚孩子，但这种事并不常见。孩子的抱怨几乎总是与迫害型心理疾病的症状挂钩。

许多孩子会隔三差五地做些小恶作剧来缓解自己的被迫害妄想症，但这样无疑会制造出一个不断惩罚他们的真正具有迫害性的教师。教师被逼无奈，只能变得严格起来，从而对整个班级都实施严格的管理。其实，这种做法只对这一个孩子"有好处"。有时，教师把这样的孩子交给一些值得信赖的同事可能会更见效，这样，最起码他就能确保理智地对待其他心理健全的孩子了。

当然，我们也应该明智地认识到，紧张和羞怯也有其健康、正常的一面。在我的诊所里，我可以通过"正常的羞怯缺失"来识别某些类型的心理失调。在我检查病人时，一个孩子在我身边转来转去，他并不认识我，却直接朝我走来，爬到我的膝盖上。正常的孩子一定会害怕我，就算想要对我提出什么要求，也总是会以更为保险的方式进行，有的甚至会大声说自己更喜欢爸爸之类的。

这种正常的紧张情绪在个体的幼儿时期更为明显。一个孩子不害怕伦敦街头，甚至不怕雷暴，这是不正常的。这样的孩子内心藏着可怕的东西，就像其他孩子一样，但他又没有胆量放飞自己的想象，不敢冒险在外面寻找它们。对此，父母和教师的防御手段主要是逃避现实，从而对抗那些无形的、怪诞的和奇异的东西。所以，他们有时会误把一个不怕"狗、医生和黑暗"的孩子当作勇敢和懂事的。但实际上，小孩子应该感到害怕，通过目睹外部的坏的人、事、物和情况来缓解内心可怕的东西。逐渐地，现实测试才能修正内部的恐惧。对于任何人来说，这个过程都不可能完全完成。坦率地说，不害怕的小孩要么是在打肿脸充胖子，要么就是生病了。但如果他生病了，充满了恐惧，依然可以通过发现外部世界的好来得到安慰，并因此感到内心的善良。

以上说明，在羞怯和紧张这些表象背后，往往存在着需要心理诊断的问题，这种问题也需要考虑孩子的年龄。正常的儿童往往很容易引导，有问题的儿童往往会浪费教师的时间和精力，以此为原则来判断每个个体案例中哪些是正常的，哪些是异常的，这很重要。正如我之前建议过的，合理地搜集孩子的病史记录可能有助于得出正确的诊断，当然，前提是要结合儿童的情绪发展机制等相关知识。

第三十章　学校中的性教育

由于孩子们存在个性差异，我们不能一视同仁地将他们归为一类。他们的需求根据家庭影响、天性使然以及各自的健康状况而存在差异。然而，在关于性教育这一主题的简单陈述中，大致上说，不用过多地考虑孩子们的个性差异和个别需求问题。

关于性教育，孩子们需要三样东西：

（1）他们身边需要可以信任的人，且这些人需要具有普通人所拥有的社交能力。

（2）他们需要在生物学等其他学校科目中接受指导——一般来说，生物学意味着关于生命、成长、繁殖以及生物体与环境关系的真相（就目前所知）。

（3）他们需要持续稳定的情感环境，在这种环境中，他们可以以自己的方式发现不断汹涌而出的"性"，以及体会它是怎样改变、丰富人际关系并将其复杂化的。

与其相背离的是性教育讲座。这些讲座通常由某个"专家"的突然到访开始，一旦讲座结束，这个"专家"又很快消失。对于这种急匆匆地灌输性知识的做法，我们应该予以劝阻。更何况教职人员不能做的事，又何须找别人来做？要知道，有一种比讲座更好的办法，那就是让孩子自己去发现、去探索。

在寄宿学校中，有很多已婚的教职员工，他们的家庭正经历着正常的繁衍过程，这些往往就是正面的教材；在走读环境中，孩子可以直接接触亲戚和邻居家添丁生子、不断壮大的家庭日常。这往往比讲座更具有教育启发意义。

讲座最直接的问题是，它们只是把一些讳莫如深的东西摆在孩子面前，但这些内容并不是针对孩子的需求加以引导的，而是随机选择的。

讲座的另一个不利之处在于，它们很少给出一个客观真实又全面的讲解。例如，讲师总会带有一些偏见，如女权主义者认为女性是被动的，男性是主动的。讲师还总是习惯避免讲述性游戏，而是直接讲述生殖行为。还有的讲师会宣扬关于母爱的错误理论，只谈论温情，而忽视了母亲怀孕、育儿等艰辛的一面。

即便是最好的性教育讲座，也总是能把人讲得昏昏欲睡，只有通过实验和体验，从内心进行探讨时，我们才能发现它无限丰富的潜能。不过，只有在成年人营造的氛围中，健康的青少年才能在自我中发现他们所渴望的那种身体和灵魂碰撞。考虑之余，我们似乎还是给真正的专家留下了一定的空间，这些专家专门研究性功能，也知道怎样才能更好地介绍这种知识。邀请专家与学校员工进行交流，并由教师以有组织的方式讨论这个主题，难道不是一个很好的解决方案吗？如此一来，教职人员就能够根据自己的方式与孩子交流，当然，前提是教职人员必须具有坚实的知识基础。

自慰是典型的，也是最为普遍和重要的来自性的副产品。关于这个话题，任何公开讲座都无法说明白，因为它是非常私密的一件事，人们只有与朋友或知己进行私人的谈论才有价值。当着一群孩子的面，告诉他们自慰是无害的，这一点用也没有。对大部分人来说，它确实是无害的，也不会给谁带来什么麻烦。但也许在这个群体中，就有那么一个人，自慰于他而言恰恰就是有害的，是强迫性的，会发展成更大的问题，甚至是患有精神疾病的征兆。如果此时，我们跟他说自慰是无害的，那么反而会把事情搞复杂。

另外，孩子其实也会十分渴求这种与某人讨论这些事的机会，但这个人应该是他的妈妈。孩子想知道什么，妈妈可以与他有针对性地聊一聊。如果妈妈做不到这一点，那么可以找其他人代替她履行这项职责，比如安排一次专业的心理访谈。总之，学校中的性教育根本无法从根本上解决问题，甚至还会把充满浪漫情怀的一件事变成枯燥乏味的对性器官和性功能的知识普及。

飞扬的想象也能引起身体上的反应，也应该得到尊重和关注，这一点在艺术课上指出来可能更合情合理。

难点在于监护人应该如何与青少年沟通。如果允许孩子自我探索，就算提醒这种探索可能会令女孩怀孕，也几乎毫无用处。我们必须面对这样一个事实，即非婚生子女通常不会拥有幸福的人生。非婚生子女要想成长为正常人并融入社会，要比普通孩子付出更多的努力，就算在早期的阶段被收养，也可能会给他们留下某些创伤。

因此，青少年的监护人都必须根据自己的信念处理这个问题，但公众舆论使他们不得不承认，即便是最好的管理，也会有风险和意外发生。

在管理更为自由的公立学校，很少存在非婚生子女，即便偶有一例，也会发现涉事双方至少有一个是精神不健全的。例如，有这样一个孩子，他因害怕而无意识地逃避性游戏，直接步入了性成熟期，但这只是假象。许多孩子在婴儿期没有与母亲建立起良好的关系，在初尝禁果时才第一次达到了人际关系中的亲密交互，那么他们会把这层关系看得极其重要，认为自己成熟了。其实，任何旁观者都能看出，这是非常不稳定的成熟假象，因为它并不是从青涩一点一点蜕变而来的。

如果在青少年群体中，这样的孩子占大多数，那么我们就必须实施严格的监督了，因为社会无法承受太多的非婚生子女。另外，在青少年群体中，大多数人是健康的，在这种情况下，我们必须思考这样一个问题，即他们的管理是基于健康孩子的需求，还是为规避少数反社会或病态成员可能会造成的隐患呢？

成年人不愿意相信，孩子通常具有非常强烈的社交意识。同样，成年人也不愿意相信小孩子早早就有了罪疚感，而且相当常见。父母经常在孩子们的自然道德本可以自行发展且发展成为稳定的、促进社会力量的地方强行植入他们的道德观念。

普通的青少年并不想生下非婚生子女，他们会采取措施确保这不会发生。如果给他们机会，他们会在性游戏和性关系中茁壮成长，直到他们意识到繁衍后代是这件事的最终结果。这可能需要几年的时间，但它迟早会到来，然后他们会开始考虑婚姻，考虑建立新的家庭——让自己的婴儿可以茁壮成长的家庭。

性教育与每个青少年必然发展着的性发育关系不大。一个成熟、不焦虑、不教条的环境对其成长大有帮助，甚至说是不可或缺的。同时，父母和老师也必须学会忍受青少年在某个阶段对成年人，特别是那些在他们成长的关键时期想要为他们提供帮助的人产生的敌对情绪。

当父母不能给予孩子所需时，学校的教职员工或学校本身经常可以做很多事情来弥补这种不足。可行的办法是，成年人本身必须正直、诚实和具有奉献精神，这样自然而然就为孩子树立榜样和答疑解惑了。那么，学校也就不需要组织什么性教育讲座了。

对于较小的孩子来说，为他们解答有关性的问题，就是生物学知识，这是对自然界的客观展示，不需要添油加醋，也不需要刻意删减。大多数小孩子都喜欢养宠物或了解有关宠物的知识，还喜欢收集和理解花草和昆虫的习性。在青春期之前的某个阶段，他们可以尽情学习关于动物的习性、适应环境的方式，以及让环境适应自己的能力。在所有这些知识中，还包括物种的繁殖、交配、怀孕、解剖和生理知识。

孩子们总是很重视生物课及生物老师，因为老师不会忽略他们感兴趣的内容，如动物是怎样成为父母的，又是怎样维系关系的，以及群体生活在进化中是如何演变的，等等。教师在教授这样的知识时，不太需要有意识地将其应用到人类事务中，因为这是显而易见的，孩子们可能早就带着人类的情感和幻想融入了动物的事务中，而不是盲目地将所谓的动物本能过程应用到人类事务中。生物学老师需要像其他科目的老师一样，引导学生朝着客观性和科学方法的方向发展，但同时也要预料到，这种脱离了幻想的、从客观角度出发的描述对某些孩子来说将是痛苦的。

　　生物学的教学可以成为教师生涯中最愉快甚至最激动人心的任务之一，主要是因为很多孩子都十分重视这种对生命意义的探索（当然，也有其他孩子能通过历史、经典或宗教体验来更好地理解生命的意义），但是将生物学应用到每个孩子的个人生活和感受中，则完全是另一回事。通过对这些微妙问题的微妙解答，老师才可以建立起一般性与特殊性的关系。毕竟，人类不仅仅是动物，人类更是动物本能杂糅了丰富的幻想、心灵或内在世界的具有潜能的综合体。有些孩子通过身体来理解灵魂，有些孩子则通过灵魂来理解身体，不管哪种情况，积极适应孩子的需求，是所有儿童养育的关键。

　　总而言之，关于性的信息应该对孩子们开诚布公，但不应该只是将其作为一门科学知识，而应该作为孩子们与可信赖的人建立关系的一部分。教育不能代替个体的探索和实践。人们的一味抑制其实是对教育的抵抗，通常在没有心理治疗的情况下，最好是像朋友一样通过理解和共情来处理。

第三十一章　到医院探望儿童

在过去的十年里，医院的临床实践发生了翻天覆地的变化。现在，许多医院允许父母自由探望孩子，如有必要，甚至可以和孩子一起住院。人们普遍认为这无论是对孩子还是对父母，甚至对医护人员都是有利的。尽管如此，我还是保留了写于1951年的本章内容，因为这些变化还远远没有延伸到所有的医院，而且现代方法也存在固有的困难，这些困难应该被人们清楚地认识到。

每个孩子从出生开始就有一条生命线，我们的任务就是确保这条线不被斩断。每个人的内在发展都是一个连续的过程，只有当对婴幼儿的照顾足够稳定时，这个过程才能稳步进行。一旦婴儿作为一个个体开始与人建立关系，这些关系就会非常紧密，除非出现大的意外，否则不能随意干预。这一点不必过分强调，因为天性使然，母亲们绝不愿让自己的孩子在还没准备好的情况下摆脱自己的庇护。当然，如果孩子们不得不离家，她们一定会急切地赶去探望。

当前，社会上就出现了这样一种探望生病儿童的热潮。热潮的问题在于它们本身可能会掩盖某些真正的难题，并迟早出现反噬反应。唯一明智的做法是让人们切实理解探访的利弊，且从护理的角度来探讨存在哪些巨大的风险。

　　为什么一名护士长会从事护士这项工作呢？也许起初，她只是把它当成众多谋生方式的一种。但成为一名护士后，她被工作所吸引，对其充满了热情，心甘情愿为学习更多复杂的技术而付出巨大的努力。终于，她成了一名护士长。成为护士长后，她的工作时间更长了，这很正常，因为医院里永远缺少优秀的护士长，而且她的工作也很难分配给其他人。护士长常常要对二十到三十个陌生的孩子负有绝对的责任，这些孩子中还有很多病情很重，需要更为专业的护理的。她要对他们的治疗负责，甚至对初级护士的疏忽大意负责，她渴望孩子们都能康复，但这可能意味着她要严格遵医嘱，丝毫不得马虎。除此之外，她还要随时随地准备与医生和医学生打交道，他们也是人，也有各自的偏好和不足。

　　在没有家长探望时，护士长会用她心底最美好的柔情全心全意照顾孩子。休假和值班，她更愿意选择后者，因为她总是惦记着病房里发生的一切。一些孩子对她非常依赖，甚至一刻也忍受不了与她分别。很多时候，她前脚刚走，孩子们后脚就在眼巴巴地盼着她回来了。这一切都唤起了她人性中最美好的一面。

　　那么，探望会带来什么呢？事情马上就会有所不同了，或者至少可能会有所不同。因为允许探望，就意味着孩子的责任永远不完全在护士长身上了。当然，这并不意味着她的工作会不顺利，护士长甚至很高兴有人分享她的责任。然而，如果她非常忙，特别是碰到一些相当棘手的病例和一些相当棘手的探望者时，一个人全盘负责反而比众人分享要简单得多。

现在，让我来告诉你探望期间可能发生的事情，你一定会感到惊讶。一旦父母离开，孩子们会突然不适，比如会经常恶心呕吐，而从那些呕吐物中，我们会发现一些端倪。这也许没什么大不了的，不过是一些探望后遗症，父母也只是给孩子们吃了一些冰激凌或胡萝卜，或者给正在禁食的孩子吃了几颗糖果，但这完全打乱了正常的治疗流程。

事实是，在探望时间里，护士长不得不放开对全局的控制，我认为她有时真的不知道在那段时间里发生了什么，而且这个问题是无解的。除了饮食上的不慎重，探望还增加了感染的风险。

一位优秀的病房护士长告诉我，探望带来的另一个大麻烦，就是母亲们探视过后，总觉得自己的孩子会在医院里哭泣，这当然是不真实的。确实，母亲的每次探望，都会给孩子造成困扰，让孩子想起你，激发他回家的渴望，所以一旦你离开，孩子就会哭得很厉害。但我认为这种困扰对孩子的伤害远没有漠不关心造成的伤害大。如果你必须离开孩子很长一段时间，长到被孩子遗忘，那么孩子会在一两天后就恢复过来，然后接纳护士和其他的孩子，开始新的生活。在这种情况下，你已经被完全遗忘了，再让孩子想起你就有些难度了。

如果妈妈们满足于只进去看望孩子几分钟就离开，那也不会那么糟糕，不过，妈妈们不以为然。试想一下，她们一定会充分利用所有允许探望的时间。有些妈妈简直在疯狂对她们的孩子"表达爱意"，给他们带各种各样的礼物，特别是食物，然后要求得到孩子充满感情的回应。她们离开时还会站在门口向孩子挥手告别，直到孩子一个劲地说再见到筋疲力尽。妈妈们绝不会径直离开，一定会在出去的路上对护士长说些什么，比如孩子穿得不够暖和，或者晚餐不够吃之类的。只有少数母亲会在离开时找个恰当的机会，对护士长所做的一切感谢一番。这很重要，承认别人把你的孩子照顾得和你照顾孩子时一样好，确实不太容易。

所以，我们如果在父母刚离开后转头去问护士长："如果你有权决定，你会怎么处理探望问题？"她很可能会说："我会取消它。"但如果这个提问选在一个更为愉快的场合，她或许也会欣然同意，毕竟，探望本身是一件很自然的事情，而且是好事。如果医生和护士认为它值得，而且可以要求父母配合，探望确实是可行的。

我说过，我们发现任何打破孩子生活完整性的事情都是有害的。母亲们深知这一点，所以她们欣喜于每天的探望，因为这使她们和孩子的关系线不会因为孩子不幸住院而斩断。

我认为当孩子感到不舒服时，事情反而会容易得多，因为大家都明白怎么做才对孩子有益。当我们和一个小孩子说话时，语言似乎是无用的，而且当孩子感觉非常不舒服时，语言交流甚至是没有必要的。这时，做出某些安排反而让孩子感到好受，即使是住院，即使眼含泪水，他也是可以接受的。但当一个孩子在没有感到不舒服的时候被强制送进医院，情况就完全不同了。我记得一个孩子在街上玩耍时，突然有一辆救护车驶来，把她迅速带到发热诊所，而且她自己感觉良好，这种情况就不同了。虽然她是因为前一天在医院检查出是白喉携带者才会被强制带到医院，但可以想象，对孩子来说，这突如其来的行为该让她多害怕啊，她甚至来不及和家人告别。

当我们不能对自己的言论进行合理解释的时候，我们的信誉度就会有所下降。实际上，我所讲的这个孩子后来再没有从那次经历中真正恢复过来。也许，如果她允许被父母探望，结果可能还好一些。在我看来，抛开其他原因不说，在孩子极度愤怒时，父母适时探望一下，可能真的大有作用。

我之前所谈的一直是医院护理最糟糕的一面，但实际情况也可能完全相反。当孩子长大一些，一次住院的经历，或者离家和姨妈居住的经历，可能会成为非常有价值的经历，使他们能够从外部世界重新审视家庭。我记得有一个十二岁的男孩，在疗养院住了一个月后说："你知道，我不认为我真的是我母亲的宝贝。她总是给我我想要的一切，但不知道为什么，我就是觉得她不爱我。"他说得没错，虽然他的母亲一直在努力，但由于母亲自身的一些问题，严重影响了他们的交流。这时，对这个男孩来说，能够从远处重新审视他的母亲就显得很有意义了。等结束这段疗养后，他就准备好了以一种新的方式回家。

人无完人，一些父母也并不是理想的父母。这会对医院探视有怎样的影响呢？好吧，如果父母在探视期间当着孩子的面争吵，这对孩子来说无疑是一个巨大的打击，会造成孩子的困扰，甚至会严重影响孩子的身体恢复。还有些人总是不能信守诺言，承诺孩子会来探望，或者承诺会为孩子带来一些特别的玩具或书籍，但他们并没有做到。还有些父母，他们会给孩子送礼物，给孩子做衣服，做一切事，就是不能在合适的场合给孩子一个温暖的拥抱。这样的父母可能只是把医院探视当成一种对孩子示爱的途径，毕竟医院的条件总是艰苦的。他们会早早到来，尽可能地待久一些，用礼物塞满孩子的病床。他们走后，孩子几乎被这些礼物挤得无法呼吸。有一次，一个女孩恳求我（那时是圣诞节前后）："请把那些礼物从我的床上拿走！"她被这种间接表达的爱所压垮，并不会感到丝毫开心。

我觉得，那些专横、不可靠且容易激动的父母，在孩子住院期间大可不必前来探望了。病房里总有很多这样的孩子需要照顾，所以我们可以理解护士长的那个观点了——最好取消探望。此外，她还有很多孩子需要照顾——那些父母住得太远不能来探望的，以及那些根本没有父母的。显然，探望这些孩子并不利于护士长的管理，因为这些孩子由于对人类失去了信心，反而会对护士提出更为苛刻的要求。

对于没有良好家庭的孩子，住院可能会带给他们第一次良好的人生体验。这些孩子，有的甚至不相信人类，也不理解人类的悲伤情感。他们总是能和身边出现的人马上交朋友，但当他们独自一人时，要么表现为前后晃动身体，要么就会用头撞击枕头或床边。在父母看来，他们没有理由为了照顾病房里这些被剥夺爱的孩子而不去探望自己的孩子，但问题在于，你应该知道，你的探望可能会加重护士长管理这些不幸孩子的重担。

当一切顺利时，住院带来的最大效果可能是孩子们在出院之后开发了一个新游戏。原来有假装父母的"过家家"，然后有了"学校游戏"，现在则开发了"医生和护士游戏"。游戏中，他们的"病人"往往是婴儿，由一个玩偶、狗或猫来假扮。

我想说的重点是引入探望住院儿童的制度是医院的重大进步，实际上这个制度早该执行。我欢迎这种新趋势，因为它可以减轻孩子的痛苦，对于蹒跚学步的儿童来说，当他不得不在医院住上一段时间时，这个制度可以很容易地让情况由糟变好。我之所以提到一些问题，是因为它们是真实存在的，也是为了凸显医院探访制度的重要性。

如今，当我们走进儿童病房，常常会看到小孩子站在婴儿床上，好像在渴望找某个人聊天，然后一看到我们进来，他会这样欢快地打着招呼："我的妈妈来看我了！"这种自豪的夸耀是一种新现象。我可以告诉你一个三岁小男孩的事情，他在哭，护士们正努力逗他开心。拥抱对他来说已经没用了，他不想要。最后，护士们发现将一把特定的椅子放在他的床边，他就平静了下来，过了一会儿他解释说："那是爸爸明天来看我时坐的椅子。"

所以你看，探访肯定不仅仅是为了防止伤害，但是让父母试着理解这些隐患也不错，这样医护人员的工作就能得到适当的配合，因为这让他们知道了，原来自己的探视有时会为尽职尽责工作的医护人员造成困扰。

第三十二章　青少年犯罪的各个方面

　　青少年犯罪是一个庞大而复杂的主题，但我会试着简单说一些关于反社会儿童的事情，以及犯罪行为与剥夺家庭生活之间的关系。

　　我在对一所核准工读学校的学生进行抽样调查时发现，这些学生里面有被诊断为正常（或健康）的，也有被诊断为精神分裂的。但是，所有的犯罪青少年都有一个共性，是什么呢？

　　在一个普通家庭中，通常是一个男人和一个女人，夫妻二人共同承担养育孩子的责任。新生儿出生后，母亲（在父亲的支持下）悉心照料每个孩子，研究每个孩子的个性，处理每个孩子的个人问题，因为它影响着社会中的最小单位——家庭。

　　正常的孩子是什么样子的？他只是吃饭、成长和报以甜甜的微笑吗？不，不是这样的。一个正常的孩子，如果他对父母有信心，会全力以赴地配合父母的步伐。随着时间的推移，他还会不厌其烦地搞破坏、捣乱、恐吓人、浪费东西、侵占东西以及耍心机。所有能把人送到法庭（或者送到精神病院）的一切，在婴幼儿时期，在孩子与自己的家庭关系中都能找到对应物。如果家庭能够承受孩子的破坏行为，反而会让孩子安定下来玩耍。不过，在此之前，他一定会进行各种尝试，试探父母的承受力，特别是当他们在对父母和家庭的稳定性（我指的不仅仅是房子）产生怀疑时，这种行为会更加强烈。孩子要想获得自由，要想尽情玩耍，要想随心所欲施展理想，要想不负责任，首先得知道这个框架的底线在哪。

这是为什么呢？事实上，个体情感发展的早期阶段充满了潜在的冲突和破坏性因素：与外部现实的关系还没有牢固地建立；人格还没有很好地整合；本能的爱欲中存在破坏性的目标；还没有学会忍受和应对本能。如果他周围的环境是稳定的，是尊重他个性发展的，那么他可以慢慢学着处理这些事情，甚至更多。一开始，他绝对需要生活在一个充满爱和力量的家庭框架里（随之而来的才是容忍），以便他不会因过于害怕自己的思想和想象，导致无法在情感发展中取得进步。

现在，如果孩子还没有将框架的概念内化为他天性的一部分，家庭就辜负了他，会发生什么呢？流行的观点是，当孩子发现了这种"自由"，他会开始充分享受。这与事实相去甚远。当孩子发现他生活的框架被打破了，他就不再能感到自由了，他开始焦虑，试图去家庭之外寻找新的希望。一个不能在家庭中得到充分安全感的孩子，往往会在家庭之外寻找"四堵墙"：祖父母、叔叔阿姨、家庭朋友、学校。他会寻求一个外在的稳定性，没有这种稳定性，他可能会发疯。

如果父母能在适当的时候为孩子提供这种稳定性，那么稳定的框架可能就会深入骨髓，同他一起长大。这样，在他生活的最初几个月和几年里，他会逐渐从依赖和需要被管理逐渐走向独立。所以，未从家庭得到稳定框架的孩子会试着从其他亲戚和学校中获取他在家里错过的东西。

反社会的孩子只是在家庭以外更广泛的领域里努力寻找着能提供给他情感成长早期和必要阶段所需的稳定性。这么说吧，当一个孩子偷糖时，他只是在试图寻找只属于自己的好妈妈，他认为自己有权从她那里得到所有的甜蜜。事实上，这种甜蜜本就应该属于他，因为他用自己的爱，用自己最初的创造力，创造了母亲以及来自母亲的甜蜜。也可以说，他在试图寻找他的父亲，让父亲保护母亲免受孩子的攻击，这是出于本能爱欲的攻击。当一个孩子在家里偷东西时，他依然是在寻找他的母亲，只不过这时是背负着太多的挫败感在寻找，同时也越来越急切地想要寻找到父亲的权威，以此限制他在兴奋状态下产生的行为想法，以及在冲动行为下造成的恶劣影响。

在事态严重的青少年犯罪行为中，作为观察者是极其痛苦的一件事，因为我们面对的是孩子对严厉父亲的迫切需求，他们渴望当自己找到母亲时，这个严厉的父亲能保护母亲。孩子唤起的"严父"同时也可以是"慈父"，但他首先必须是严厉和坚强的。只有当严厉和坚强的父亲形象显现时，孩子才能恢复他本能爱欲的冲动、他的罪疚感和他想要补偿的愿望。这些潜意识在得到满足之前，他只能不停地让自己陷入麻烦，否则他们会感到越来越压抑，最终导致人格丧失，只有通过暴力才能感知这个真实和客观的世界。

　　青少年的犯罪行为反而表明孩子还有一线希望。你会看到，当一个孩子表现出反社会行为时，这并不一定是病态。反社会行为有时是孩子在向一个强大的、充满爱和自信的人发出的求救信号。然而，大多数犯罪者在某种程度上都是病态的，而"病态"这个词在这样的事实面前也更为恰当：在许多情况下，安全感没有更早地进入孩子的生活，也没有形成他信仰的一部分。

　　在强有力的管理下，一个反社会的孩子也可能与正常无异。然而，一旦他脱离这种高压管制，他内心的疯狂就会不断涌出。所以，他会触犯社会规则（虽然他可能并不知道自己在做什么），以便从外部世界重新获得强有力的控制。

　　正常的孩子，在初始阶段往往能得到家庭的帮助，逐渐培养出自我控制的能力，发展出被称为"内在世界"的东西，以及萌生寻找良好环境的倾向。而反社会的、不健康的孩子则没有机会培养这样一个良好的"内在世界"，如果他想要感受幸福，想要轻松玩耍或工作，绝对需要一个来自外在的控制。

　　正常孩子和反社会孩子，在这两个极端之间，还存在一类孩子，如果他们能在一段时间内持续地体验到爱与理解，也是可以形成内在稳定的信仰的。一个六七岁的孩子通过这种方式得到帮助的机会，比十或十一岁的孩子要大得多。

　　在战争中，我们中的许多人都有这样的糟糕经验：在儿童临时收容所目睹了那些流离失所的、丧失了内在稳定的儿童是如何被当成病人对待的。在战争年代，有反社会倾向的儿童被视为是有病的，这些临时收容所就暂时取代了为社会中的不良儿童而设立的专门学校。在这些孩子被送到少年法庭之前，他们只能把孩子的犯罪行为看作一种心理疾病。这里也就成了个体病态的犯罪行为的治疗之地，同时也是进行青少年犯罪研究和获得经验的最佳场所。我们都知道，一些核准的工读学校已经出色地完成了很多工作，但这些学校的大多数儿童都曾在法庭上被定罪，这导致工作的进展十分艰难。

这些临时收容所有时也被称为不良儿童的寄宿之家，那些收到了生病儿童发出的求救信号的人能在这里大有作为，同时也可以充分地学习研究。战时，英国卫生部下设的每个临时收容所都有一个管理委员会，在我所属的小组里，委员会承担了相应的责任，十分认真细致地处理着临时收容所的工作。

当然，许多地方法官都也可以当选委员会委员，这样才能近距离接触那些尚未被送往少年法庭的儿童。仅仅访问核准的工读学校和临时收容所，或者定期听取一些群众的意见显然是不够的，倒不如出任某个职位，即使是间接任职也行，这样才能为那些具有反社会倾向的孩子的负责人提供更为明智的支持。

在所谓的不适应学校的不良儿童群体里，我们可以以治疗为目的自由地开展工作，这就与之前大不一样了。治疗失败的最终会被送上法庭，而治疗成功的则会成为正常公民。

现在回到无家可归的儿童主题上。除了忽视他们（在这种情况下，他们会作为犯罪分子出现在少年法庭上），我们还可以使用以下两种处理方式：让他们接受心理治疗，或者为他们提供一个强有力的稳定环境，这个环境里要有出自人性的关心和爱，还要慢慢给他们自由。事实上，没有后者，前者（个人心理治疗）是不太可能成功的。而在有合适的替代环境的情况下，心理治疗又会沦为可有可无的存在。这当然是好事，因为心理治疗师实在太欠缺了，即便从现在开始培养，在他们成长为合格的心理分析师之前，仍需要好几年的时间。然而，当前已经有太多的治疗案例迫切需要这种专业人才了。

个人心理治疗的目的是使儿童完成他们自己的情感发展。这意味着我们要做许多事情，包括让孩子建立良好的现实感知能力，以及对个体人格的整合，让外部世界和内在世界达成统一。在完成这些以本能为基础的构建之后，孩子会自然发展出早期的关心和内疚感，以及补偿冲动。而在家庭中，最初的三角关系则会逐渐发展延伸为家庭生活范围的所有复杂的人际关系。

此外，如果一切顺利的话，即使孩子能够处理好自己与成年人，以及与其他孩子的关系，他仍然需要面临一些极为复杂的情况，例如，抑郁的母亲，狂躁的父亲，残暴的兄弟，生病的姐妹。考虑的事情越多，就越能理解为什么婴儿和儿童绝对需要一个稳定的家庭环境，如果可能的话，他们也需要一个稳定的物质环境。

在以上思考中，我们看到被剥夺了家庭生活的儿童，必须在一定年龄以前提供给他们一些人性化的、稳定的环境，好让他们适时利用起来。否则，迟早有一天，他们将不得不依靠核准工读学校或监狱才能获得这种稳定。

通过这种方式，我们又回到了"拥抱"和"依赖"的观念上。与其被迫"拥抱"一个病态的青少年或反社会成年人，不如在一开始就好好"拥抱"一个健康的婴儿。

第三十三章　攻击性的根源

　　到这里，想必细心的读者已经从本书各种零落的、奇怪的描述中了解到了这样一个概念：婴幼儿会尖叫、咬人、踢人、拉扯妈妈的头发，时常具备攻击性和破坏性的冲动，以及这样或那样令人不快的冲动。

　　这些恰巧是导致婴幼儿护理工作变得错综复杂的原因，所以我们需要管理它们，更需要理解它们。那么此时，如果我从根源上对这些冲动行为做一个理论性陈述，可能有助于大家理解这些令人忧心的事。但问题也来了，我如何才能不偏颇地描述好这个庞大而困难的课题呢？要知道，我的读者不是研究心理学的，而是从事婴幼儿护理工作的。

　　简而言之，攻击性有两层含义。在一个层面上，它是对挫败的直接或间接的反应；在另一个层面上，它是个体活力的两个主要来源。对这个简单陈述的进一步思考会引发极其复杂的问题，而在这里，我只能就主题做一个尽可能详细的说明。

　　大家都会同意，我们不能把问题停留在儿童生活中表现出来的攻击性上。事实上，这个问题所涉及的内容要广泛得多。不可否认，孩子总归是要成长的，我们所关心的就是这种从某种状态向另外一种状态转变的过程。

有时，孩子的攻击性会明显地表现出来，然后又自行消失；有时又需要有人来面对它，或是做些什么防止伤害的发生。与此同时，攻击性冲动还常常以某种相反的形式出现，而不是公开表现出来。要我说，这种反向表现形式或许是一个不错的研究方向。

不过，首先我必须从整体出发进行说明。如果暂时不考虑遗传因素导致的个体的独特性，那么从根本上说，可以假定所有人类个体都具有相似的本质。我的意思是，人性中的一些特质可以在所有婴儿、儿童和所有年龄段的人群中发现。从最早的婴儿期到成年的独立期，关于人类个性发展的所有陈述都适用于所有人类，这与性别、种族、肤色、信仰或社会背景无关。人们的外表可能各不相同，但人类事务中却有一些共同的东西。一个婴儿可能倾向表现他的攻击性，而另一个婴儿则从一开始就几乎没有表现出任何攻击性。但是，人类事务必然面临相同的问题，这两个孩子只不过是在以不同的方式处理他们的攻击性冲动。

如果我们仔细观察某个个体，探究他的攻击性起源，将发现婴儿运动这一事实。其实，婴儿在出生之前就已经开始运动了——他在妈妈的肚子里扭动身体和四肢，于是妈妈感受到了胎动。婴儿的某个部位通过移动接触到一些东西，观察者通常称其为击打或踢打。只不过，这种击打或踢打缺少实质性的东西，因为婴儿（未出生或新生）还没有成为一个完全独立的人，还无法对自己的行为给出明确的理由。

因此，每个婴儿都有运动的愿望，他们都渴望通过运动收获某种肌肉的愉悦，并从运动和碰撞中收获经验。遵循这一特点，我们可以通过跟踪记录一个婴儿从简单运动，到表达愤怒的运动，再到表达仇恨和控制仇恨的运动状态来描述他的成长发展过程。继续观察，我们发现从某时开始，偶然的打击变成了有意的伤害，伴随着这种方式，我们发现他有了一个爱恨交织的想要保护的对象。此外，我们还可以追踪到，一个儿童的破坏性思想和冲动变成了一种行为模式。在健康的发展中，所有这些都可以显示为有意识和无意识的破坏性想法，以及对这些想法的反应是如何出现在儿童的梦想和游戏中、对他们认为值得摧毁的东西的攻击中的。

我们可以看到，这些早期的婴儿式的攻击行为导致了他们对自我以外的世界的发现，并使他们开始与外部对象建立联系。因此我们发现，即将转变为攻击性行为的东西，在最初不过是婴儿运动和探索的简单冲动。攻击性总是以这种方式将建立自我与自我以外世界的明确区别联系起来。

我希望已经把这个问题说明白了，即尽管每个人在本质上是不同的，但所有人类个体又都存在相似性。那么，现在我可以谈谈攻击性的许多反向特性中的一些表现了。

举一个例子，有一个胆大的孩子和一个胆小的孩子，两个孩子形成了鲜明的对比。胆大的孩子倾向公开表达自己的攻击性和敌意，胆小的孩子则拼命地想要证明这种攻击性并非来自自己，而是来自其他地方，并且他很害怕它，或者担心它会从外部世界袭来。胆大的孩子是幸运的，因为他发现自己表达的敌意是有限的，并且是可以自行消亡的，而胆小的孩子永远不会达到令他满意的终点，于是只能继续害怕着一切。问题是，有时候人越怕什么，就越来什么。

　　还有一些孩子确实擅长从他人的攻击性中看到自己被压抑的攻击性冲动。这有可能发展成一种不健康的方式，因为外在的迫害总是有限的，最后只能通过妄想来弥补。这就是为什么有的孩子总是在盼着被迫害，然后以自我防卫对抗想象中的攻击，最后变得越来越有攻击性。这是一种病，但这种模式几乎在任何孩子的发展阶段都能被找到。

　　在考虑另一种反向类型时，我们可以将变得具有攻击性的孩子和因"内化"攻击性而变得紧张、过度控制和压抑的孩子加以对比。所有冲动都会有一定程度的抑制，因此，创造力也自然而然地被抑制，因为创造力与婴儿和儿童的不负责任以及自由自在的生活息息相关。然而，在第二种情况下，尽管孩子会失去内在的一些自由，但同时他也发展出了一种自控，开始考虑别人、保护外部世界。因为在健康状态下，每个孩子都会发展出换位思考的能力，并且与外部世界的人和物建立认同感。

　　关于过度自我控制的一个令人尴尬的地方是，一个好孩子（好到甚至不忍伤害苍蝇的孩子）也会时不时地爆发出攻击性的情感和行为，例如，暴怒或者充满恶意。这对任何人来说都没有积极的价值，尤其是对孩子来说，孩子甚至在事后根本不记得发生了什么。父母在这时能做的就是挺过这个尴尬期，然后期待它随着孩子的成长演变成一种更有意义的攻击性表达。

　　攻击性行为还有一种更为成熟的替代方式，那就是做梦，在梦中，孩子通过幻想来体验破坏和杀戮。这种梦与身体上的兴奋相关，它是一种真实的体验，而不仅仅是一种智力练习。能够通过做梦来表达攻击性的孩子通常也就能玩各种游戏了，或者独自玩，或者与其他孩子一起玩。如果梦中包含了太多的具备破坏性或威胁性的东西，又或者十分混乱，那么孩子就会受到惊吓，尖叫着醒来。这时，妈妈可以充分发挥作用，待在孩子身边，将孩子从噩梦中唤醒，借助外部现实让孩子安稳下来。这个醒来的过程可能会花费半小时的时间，但不管怎么说，噩梦本身对孩子来说可能就是一种奇幻而又令人满意的体验。

在这里，我必须为大家明确区分一下梦和白日梦。我所指的不是在清醒的生活中将幻想串联起来的白日梦。与白日做梦相反，梦的本质特点是做梦者处于睡眠状态，并且可以被唤醒。孩子从梦中醒来，梦可能会被忘记，但它的确存在过，这正是它的意义所在（也有一些梦可以渗透孩子清醒的生活，但那是另一回事了）。

我前面谈到了玩耍，它依赖于孩子的幻想和他在梦境中储备的素材，以及更深层次的无意识的东西。很容易看到，孩子对象征性符号的接受在健康发展中起到了多么重要的作用。在用一种东西"代表"另一种东西的过程中，就大大缓解了赤裸裸的粗糙的真相和令人尴尬的冲突。

一个孩子在温柔地爱着母亲时又恨不得一口吃掉她；一个孩子对自己的父亲又爱又恨，却无法把恨或爱转移到叔叔身上；一个孩子想摆脱一个新生儿，但单单丢掉一个玩具并不足以表达他的这种想法，这些都是尴尬的。有些孩子就是这样，他们无法用一种东西"代表"另一种，于是只能自己受苦。

然而，通常情况下，孩子在婴儿早期就已经能接受象征性符号了，这早早为孩子提供了更多体验生活的空间。例如，当婴儿在很早的时候选择某个特别的物品进行拥抱，这个物品就代表了他自己和母亲，然后成为一个将亲子关系联结起来的符号。就像一个被吮吸的拇指，对于婴儿来说，它既是攻击的对象，又象征着婴儿极为重视的宝贵的财富。

玩耍本身就是一种对符号的接受，其中包含着无穷的可能性。它使孩子充分体验着在他内心深处可能找到的一切，这是儿童不断成长的身份感的基础，这里有攻击性，也有爱。

在逐渐成熟的儿童个体中，出现了另外一种攻击性的替代方式，这也是一个非常重要的方式，那就是构建。我试图描述这个复杂的方式。在有利的环境条件下，儿童成长到一定阶段，就会出现构建的冲动。构建冲动与来自本能的破坏性，以及对其负责的补偿冲动有关。当构建游戏出现在孩子的生活中并持续出现时，就标志着孩子的发展是健康的。这是一些不能被植入的东西——信任也是不能被植入的，它随着时间的推移出现，是孩子在父母或父母替代者所提供的环境中累积了全部生活经验的结果。

我们可以测试攻击和构建之间的这种关系，如果我们从一个孩子（或成年人）那里撤回了他们为亲近的人做某事或作贡献的机会，我们就能轻易看出这两者之间的关系。我所说的"贡献"是指孩子单纯为了快乐做事，或者为了模仿某人而做事，但同时，他也会发现这正好又能满足母亲的幸福和家庭的运转。这种感觉就像孩子终于在这个团体中"找到自己的位置"了。

孩子通过假装给娃娃喂奶、铺床、使用吸尘器、制作面点来参与家庭生活，而这种假装只有得到大人的认真对待，才能让孩子在这种参与中心满意足。如果得到的是嘲笑，那么这种假装就变成了纯粹的模仿，孩子自身就会感到身体的无能和无用。在这一点上，孩子可能很容易爆发出直接的攻击性或破坏性。

即使没有实验，这种情况也可能会出现在普通事件中，因为没有人理解，孩子比起"接受"，更需要的是"给予"。

可以看出，健康婴儿的活动表现为自然的运动和随意的撞击，然后才慢慢开始使用尖叫、吐唾沫、排尿和排便来表达愤怒、恨意等。孩子在意识到原来爱和恨是可以并存的以后，就会学着接受这种矛盾。爱恨交织的最重要的表现是具备咬人的冲动，当婴儿五个月大时，这种冲动就有了意义。最终，它演变成了一种吃东西时的享受。不过，起初令它兴奋的就是一个好的对象——母亲的身体，这才催生出了咬东西的想法。然后，食物被他看作母亲或父亲或其他被爱的人的身体的象征。

这一切都是非常复杂的，婴幼儿需要大量的时间来掌握攻击性的思想和冲动，并学着控制它们，以免在需要表现攻击性的时候失去攻击的能力，无论出于爱还是恨。

奥斯卡·王尔德说："所爱之物，必为我所杀。"这就是在提醒我们，我们必须预料到伴随着爱而到来的伤害。在儿童护理方面，我们看到孩子们经常伤害他们所爱的东西。伤害就像孩子生活的一部分，问题在于，你的孩子该怎样找到一种方法，将这些侵略性的力量运用到生活、爱、玩耍和（最终）工作的任务中去呢？

还没有结束，我们还有一个需要思考的问题：攻击性的起点在哪里？

我们已经看到，在养育过程中，新生儿有最初来自潜意识的自然动作，还伴随着尖叫，这些可能仅仅代表他很快乐，还没有形成一个明确的攻击性含义，因为婴儿还没有成为一个真正的人。然而，我们想知道，为什么很早的时候，一个小小的婴儿就会产生"破坏世界"的想法了。

这很重要，因为这正是婴儿期"未融合"的破坏性的残留，而且这种东西有可能真的会破坏我们生活和热爱着的世界。在婴儿的魔法世界中，他闭上眼睛，世界或许就被消灭了，当他有新的需求时，又会重新创造这个世界。毒药和爆炸性武器给婴儿的魔法带来了与之完全相反的现实。

绝大多数婴儿在他生命的最初都被照顾得很好，从而让他的人格实现了某种程度的整合，这样一来，大规模的破坏性风险就完全失去了意义。通过预防这种风险，我们认识到了父母在家庭生活中为促进婴儿的成熟所起到的巨大作用，尤其是学会了评估母亲在养育初期所起到的巨大作用。当婴儿与母亲的关系从纯粹的物理层面的关系变为母婴亲子关系时，纯粹的物理层面的关系就被情感因素丰富和复杂化了。

但问题仍然存在：我们怎么才能确定，这种人类内在固有的破坏性活动的基础是攻击性的根源，还是自我控制下承受苦痛的基础是攻击性的根源呢？这一切的背后是魔法般的幻灭。这对于处在发育早期的婴儿来说是正常的，并且是与魔法般的创造并行的。对所有物体的原始创造或魔法般的幻灭属于这样一个事实，即（对于婴儿来说）物体从成为"我"的一部分变为"我以外"的一部分，从成为主观现象变为被客观地感知。通常，这样的变化会随着婴儿的微妙变化逐渐发生，但是，如果婴儿缺乏一个健全的母亲和母爱，这些变化可能就会以婴儿无法预测的方式突然发生。

母亲总能敏感地引导婴儿度过他人生中最重要的早期发展阶段，她们会放下一切，给婴儿足够的时间，让他充分认识到那个他本以为尽在掌控的世界其实完全在他的掌控之外。这一点对于婴儿来说是一个巨大的冲击，他需要在母亲的帮助下应对和处理这些事。

如果母亲给予婴儿的时间很充分，那么婴儿终将具备破坏性，会怨恨、会踢打、会尖叫，而不是通过闭眼让那个世界神奇地消失。这样一来，攻击性就发展成了他的一种成就。与魔法般的毁灭相比，攻击性的思想和行为更能呈现出积极的价值。当我们牢记个人情感发展的整个过程，特别是最早期的阶段，我们就懂得了，恨才是文明的标志。

在这本书中，我试图将这些微妙阶段一一描述出来。在良好的亲子关系和母亲的精心养育下，大多数婴儿都能健康地成长，也都能获得摆脱魔法控制和幻灭的能力，然后享受自身攻击性所带来的满足感，还有整个童年生活中所有温和的人际关系和只属于他自己的丰富的内心世界。